Ingrid Brodnig — HASS IM NETZ

Ingrid Brodnig

HASS IM NETZ

Was wir gegen Hetze, Mobbing und Lügen tun können

Brandstätter

INHALT

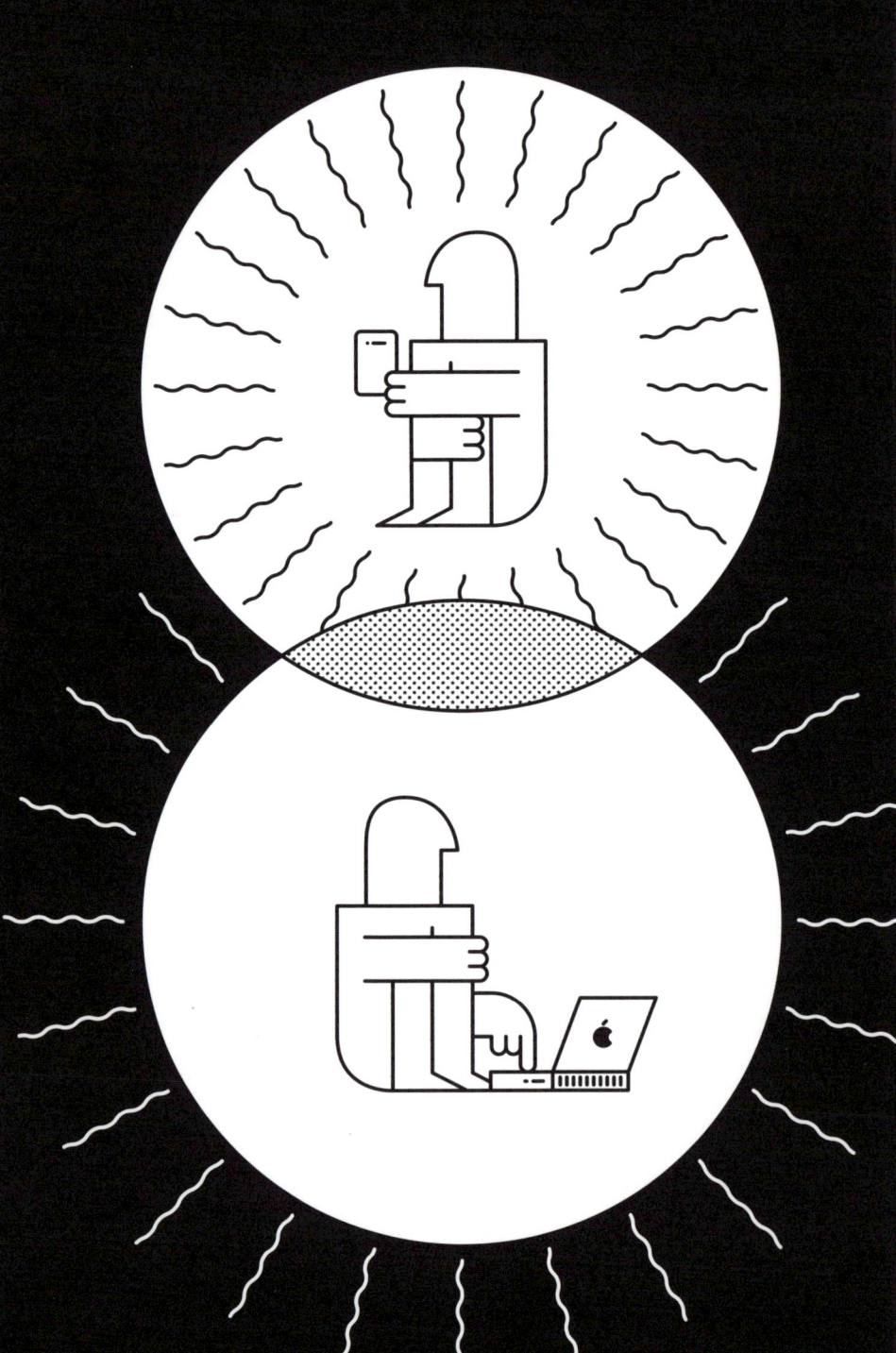

1. WIE BRENZLIG DIE SITUATION IST

Es gab einen Schlüsselmoment, der mir die Ernsthaftigkeit der Lage klarmachte. Auf den ersten Blick war es ein unscheinbarer, harmloser Anlass, der mir dennoch monatelang in Erinnerung blieb, an den ich immer wieder denken musste, wenn ich im Internet wütende Kommentare oder auch Falschmeldungen las.

Im Juni 2015 führte ich ein Telefoninterview mit einer „besorgten Bürgerin". Ich hatte damals für einen Artikel zum Thema „Lügenpresse" recherchiert und Menschen auf Facebook angeschrieben. Mich interessierte, warum sie sich online so enttäuscht oder gar erzürnt über Journalisten äußerten. Das Problem: Die meisten wollten nicht mit mir reden, einige antworteten nicht, andere schrieben Sätze wie: „Uns interessieren ‚unabhängige Medien' wie Sie nicht – danke. Schreiben Sie einfach, was Sie wollen, Sie machen das sowieso." Auch wurde mir vorgeworfen, ich sei ohnehin „gekauft".

Dann aber – endlich! – bekam ich eine Facebook-Nutzerin an den Apparat: eine zweifache Mutter aus Westösterreich. Nur unter der Voraussetzung und der Zusage, ihren Namen nicht zu veröffentlichen und private Details auszulassen, stimmte sie einem Interview zu.

Am Telefon hatte ich dann eine Frau, der die Angst regelrecht in der Stimme lag. „Ich steh in der Früh mit Zweifeln auf und leg mich abends mit Zweifeln nieder", sagte sie. Sie war eine höfliche, gebildete, aber mir gegenüber durch und durch skeptische Interviewpartnerin. Sie wollte anonym bleiben, um später nicht als „Nazi" beschimpft zu werden – ein Vorwurf, der online in ihren Augen zu leichtfertig ausgesprochen wird. Sie erzählte mir, sie überlege, bei der nächsten Wahl die österreichischen Rechtspopulisten von der FPÖ zu wählen.[1] In den Jahren zuvor hatte sich ihr Blick auf die Welt drastisch verändert. Früher war ihr Politik nicht so wichtig gewesen. Jetzt las sie jeden Tag auf Facebook mit, konsumierte sowohl Tageszeitungen als auch alternative Blogs und Fanpages.

Darunter sehr viele islamkritische Accounts: Pegida, die Seite der „Patriotischen Europäer gegen die Islamisierung des Abendlandes", das sogenannte „Info-Direkt-Magazin", das von der rechtsextremen Szene nicht weit entfernt liegt, sowie eine Seite namens „der Infokrieger". Diese Medien oder Gruppen vertreten unter anderem die Ansicht, wir befänden uns in einem Desinformationskrieg, bei dem die Mainstream-Medien die Bürger gezielt hinters Licht führen und nur sie selbst „die Wahrheit" sagen würden.

Ich wusste natürlich, dass viele Menschen solche Seiten verfolgen und dies wohl eine Auswirkung auf ihr Weltbild haben würde. Allein Pegida hat mehr als 200.000 Fans auf Facebook, der gleichnamige österreichische Ableger davon noch einmal 18.000 Mitlesende. Erst mit diesem Telefonat wurde mir aber klar, wie erfolgreich diese „alternativen Medien" faktisch sind, und wie geschickt diese obskuren Seiten mit klarem ideologischen Einschlag agieren.

Ich verstand allmählich, wie Angstmache im Internet funktioniert: Zum Beispiel mit ständiger Wiederholung. Ein Gerücht wird nicht glaubwürdiger, wenn man es hundertmal wiederkäut, hatte ich bis dahin naiv geglaubt. Irrtum! Durch die ständige Wiederholung von Halbwahrheiten und

Schreckensmeldungen werden Feindbilder und komplett überzogene Ideen etabliert. Ein paar der sichersten Länder der Welt werden beispielsweise als Horrorstaaten verunglimpft. Über Skandinavien berichten solche Seiten, dass „der hohe Norden vor allem die multikulturelle Hölle auf Erden" und „Schweden – Europas Vergewaltigungsmetropole" sei.[2 3] Einmal abgesehen davon, dass Schweden keine Metropole, sondern ein Staat ist, ist dieses Vorgehen ziemlich perfide. Bewusst werden jene Länder attackiert, die international Symbole für Progressivität und Toleranz sind. Solche Schwarz-Weiß-Muster sind ein gängiger Trick der Rechtspopulisten. Sie suggerieren: Progressivität und Offenheit sind böse; Abgrenzung und reaktionäre Impulse gut.

Die „besorgte Bürgerin" erzählte mir damals am Apparat, wie verunsichert sie ist. Sie fragte sich, was dran ist, an diesen ständigen Geschichten über Skandinavien. Ganz nach dem Motto: Wo Rauch ist, ist da nicht auch Feuer? Doch gerade im Internet ist es sehr leicht, mit Falschmeldungen, mit purer Aggression und kunstvoll interpretierten Halbwahrheiten Stimmung zu machen – digitale Rauchmaschinen quasi, die den Durchblick unter Umständen enorm erschweren.

Ich wünschte, ich könnte berichten, dieses Telefonat hat etwas Positives bewirkt oder zumindest ihren Umgang mit unseriösen Quellen verändert. Dem ist nicht so. Es gibt kein Allheilmittel, um andere Menschen umzustimmen. Aber es gibt kluge Ansätze und gute Ideen, wie man auf irreführende Rhetorik antworten kann – ich habe einige zusammengetragen.

Dieses Buch gliedert sich in drei Teile: Zuerst liefere ich wissenschaftliche Erklärungen, warum im Internet häufig so hart diskutiert wird, warum so schnell Schimpfworte fallen und wieso menschliche und technische Faktoren ein sachliches Diskutieren oft so schwer machen. Dieses Wissen ist wichtig, um Gegenstrategien oder Antworten zu entwickeln. Nur wer versteht, was online tatsächlich anders als offline ist, kann eine Kurskorrektur betreiben.

Zweitens liefere ich eine Typologie von besonders untergriffigen Usern – den „Trollen", die sich am seelischen Leid anderer Menschen erfreuen, und den „Glaubenskriegern", denen zum Verbreiten ihrer „Wahrheit" kaum ein Mittel zu billig erscheint. Zwischen diesen Gruppen zu unterscheiden, ist sinnvoll, denn ihr Verhalten hat verschiedene Ursachen, sie verfolgen mit ihrer Aggression unterschiedliche Ziele – und dementsprechend braucht es auch unterschiedliche Reaktionen, um ihre Wut oder Schadenfreude einzudämmen. Beispielsweise kann man Trolle manchmal tatsächlich totschweigen, bei einem Glaubenskrieger wäre das aber genau die falsche Reaktion.

Drittens beschreibe ich die Methoden dieser Glaubenskrieger und Trolle und liefere Tipps dagegen: Woran lassen sich Falschmeldungen frühzeitig erkennen? Wie entlarve ich die Bösartigkeit eines rhetorischen Übergriffs? Welche konkreten Formen der Deeskalation gibt es? Wie kann man eine erhitzte Debatte wieder etwas entspannter machen – und funktioniert das überhaupt? Wann ist es an der Zeit und ratsam, zu juristischen Mitteln zu greifen? Und wie kann uns Humor helfen, mit Hass und Hetze im Netz umzugehen?

Wollen wir online allesamt etwas gelassener werden, müssen wir uns jedoch von einem Gedanken verabschieden:

Dass wir jedes Argument gewinnen können und es nur eine Frage der richtigen Wortwahl ist, bis der andere einsieht, wie sehr er im Unrecht ist. Ich plädiere stattdessen für eine neue Form der Höflichkeit, für ein empathisches Diskutieren miteinander, bei dem man sich oft nicht einig wird, aber das Gegenüber immerhin respektiert. Dies kann nur gelingen, wenn auch gewisse Mindeststandards im Umgang miteinander eingehalten werden. Beschimpfungen beispielsweise zerstören jede sachliche Debatte. Das mag simpel klingen, ist es aber nicht. Im Internet bleiben zu viele Beleidigungen und Zuschreibungen stehen.

Ich glaube nicht, dass das Internet die Ursache für gesellschaftliche Dissonanz ist. Das wäre wohl zu kurz gegriffen. Wohl aber kann es diese Dissonanz verstärken und vorantreiben – die Architektur vieler Webseiten hilft oft ausgerechnet den Rüpeln, wie ich auf den nächsten Seiten darlegen werde.

Vermutlich hat die aktuelle Flüchtlingsdebatte viele Menschen auf den Hass und die Hetze im Netz überhaupt erst aufmerksam gemacht und sensibilisiert. Der Eindruck stimmt, dass sich in den vergangenen Monaten die Tonalität verschärft hat: Wenn eine politische Debatte die Gesellschaft entzweit, wird auch die Diskussionskultur im Netz umso verbitterter. Wir können dann auch beobachten, wie radikale Gruppen dieses Klima für sich nutzen und wie sie mit Aggression statt Argumenten versuchen, auf sich aufmerksam zu machen. Zu oft geht diese Strategie auf.

Wenn Sie dieses Buch gekauft haben, sehen Sie das vielleicht ähnlich wie ich: Ein anderer Stil muss beim Diskutieren im Netz doch möglich sein. Es lohnt sich, das Internet als das zu verteidigen, was es eigentlich sein sollte – ein Ort der Aufklärung.

Der Duden bezeichnet die Aufklärung als eine „von Rationalismus und Fortschrittsglauben bestimmte europäische geistige Strömung des 17. und besonders des 18. Jahrhunderts, die sich gegen Aberglauben, Vorurteile und Autoritätsdenken wendet."[4] Ausgerechnet im modernsten Kommunikationstool, das uns zur Verfügung steht, werden diese rückwärtsgerichteten Denkmuster wieder stark sichtbar: Der Aberglaube erlebt eine Renaissance, sowohl auf den Verschwörungstheorieseiten auf Facebook als auch auf Webseiten, die so tun, als könne man die Welt besser mit ganz viel Phantasie als mit wissenschaftlicher Methodik durchblicken. Vorurteile: Sie gehören derzeit zum „Hausverstand" und zu dem, „was man wohl noch sagen wird dürfen". Klar darf man vieles sagen – aber andere Menschen dürfen einem dann auch widersprechen, oder? Und drittens: das Autoritätsdenken. Auch dieses findet online einen Nährboden. Die Bewegung namens Pegida beispielsweise ist zunächst als Facebook-Gruppe entstanden und versammelte sich erst dann auf der Straße. Viele ihrer Argumente und Slogans sind dabei autoritär. Wenn Pegidisten online vom „wahren Volkswillen" sprechen, dann bedeutet dieser Satz im Umkehrschluss auch: „Wer dies anders sieht, ist kein Teil des ‚wahren Volks'". Es ist an der Zeit, diesen Mythen und rhetorischen Untergriffen, diesem ständigen Geplappere von der „Wahrheit" etwas entgegenzusetzen. Vor allem ist es an der Zeit, die Opfer der verbalen Attacken stärker sichtbar zu machen und in Schutz zu nehmen. Auch das ist wichtig: Klarzustellen, wer hier mobbt und wer gemobbt wird. Ich lade Sie ein, mit mir die dunkleren Seiten des Webs zu besuchen – in der festen Überzeugung, dass diese nicht ganz so düster bleiben müssen.

2. FEHLENDE EMPATHIE

Wird über den Hass im Internet diskutiert, taucht stets eine Frage auf: Was ist online anders? Debatten entgleisen im Internet oft sehr schnell. Menschen, die sonst umgänglich sind, diskutieren online unerbittlich und zeigen eine ungewohnt schroffe Wortwahl. Vielleicht ist der eine oder andere auch schon selbst etwas ruppiger geworden und bereut das im Nachhinein. Schimpfworte und andere Beleidigungen, sie scheinen online schneller über die Lippen zu rutschen, oder genauer gesagt: über die Tastatur. Genau das ist ein wesentlicher Unterschied: Wir diskutieren im Internet zum größten Teil schriftlich. Sicherlich skypen manche von uns regelmäßig oder nutzen andere Videochat-Programme, doch in den allermeisten Fällen tippen wir den Text in unser Smartphone oder den Computer ein. Dabei fehlt etwas Entscheidendes: der Augenkontakt, die Mimik und Gestik, die Stimme des Gesprächspartners – das physische Gegenüber. Doch dadurch gehen wesentliche Informationen verloren, ausgerechnet diese nonverbalen Signale fördern nachweislich Empathie.

In der Fachsprache wird dies als „Unsichtbarkeit" im Internet bezeichnet: Man sieht und hört den Gesprächspartner online nicht, und dasselbe trifft auf das Gegenüber zu. Dieser Thematik habe ich mein voriges Buch gewidmet („Der unsichtbare Mensch"). Diese Unsichtbarkeit ist ein Grund, warum Menschen Äußerungen eintippen, die sie kaum jemandem direkt ins Gesicht sagen würden.

Das Gefühl der Unsichtbarkeit enthemmt uns, erkannte John Suler von der amerikanischen Rider University bereits vor mehr als zehn Jahren. Er entwickelte die Theorie des „Online Disinhibition Effects", zu Deutsch der „Online-Enthemmungs-Effekt". Manchmal kann Enthemmung etwas Gutes sein, etwa wenn ein schwuler Bursche oder ein lesbisches Mädchen im Internet zum ersten Mal über ihre Gefühle sprechen. Häufig sehen wir jedoch die Schattenseite davon: die sogenannte „toxische Enthemmung". User toben sich online aus, ätzen herum, vergiften das Diskussionsklima. Es ist ein Irrglaube, dass ein solches Verhalten eine befreiende Wirkung hätte oder irgendjemand hier etwas dazulernen würde. Der Psychologe Suler nennt es „schlichtweg eine blinde Katharsis, ein Ausleben niederträchtiger Bedürfnisse und Wünsche ohne auch nur irgendein persönliches Wachstum."[5]

John Suler zählt sechs Faktoren auf, die die Enthemmung im Internet fördern:

- Anonymität: man fühlt sich nicht so leicht verwundbar, wenn die anderen den eigenen Namen nicht kennen.
- Wie schon gesagt, die Unsichtbarkeit: Sie wird oft auch mit Anonymität verwechselt, ist aber etwas anderes. Während die Anonymität den realen Namen verbirgt, fallen bei der Unsichtbarkeit nonverbale Signale weg. Das erklärt, warum auch Menschen auf Facebook unter ihrem echten Namen schlimmste Aussagen tätigen.
- Asynchronität: Wer einen hasserfüllten Kommentar verfasst, bekommt oft kein unmittelbares Feedback. Man muss sich also nicht sofort damit beschäftigen, was die eigenen Worte anrichten. Experten bezeichnen dieses Phänomen mitunter als „emotionale Fahrerflucht".

- Nennen wir es die Phantasievorstellung vom Gegenüber: Wenn wir mit jemandem online chatten, entwickeln wir in unserem Kopf eine Idee vom anderen, bei dieser fließt aber in Wirklichkeit sehr viel von der eigenen Persönlichkeit ein.
- Die Trennung zwischen Online- und Offline-Charakter: In der Fachsprache heißt dies die „dissoziative Vorstellungskraft" und beschreibt die Idee, dass online andere Regeln gelten würden, dass alles nicht so ernst sei, sondern nur ein Spiel.
- Fehlende Autorität: In vielen Foren oder in sozialen Netzwerken wird wenig bis nahezu gar nicht moderiert. Die Gefahr, dass eine Beschimpfung zu einem Ordnungsruf führt, ist verglichen mit vielen Diskussionen außerhalb des Internets äußerst gering. Auch dies erleichtert es, schon mal enthemmter zu sein.[6]

Diese Enthemmung lässt sich im Netz permanent beobachten. Viele Nutzer, die online hart und unnachgiebig kommunizieren, sind im persönlichen Gespräch häufig wesentlich zugänglicher. Im Herbst 2012 arbeitete ich an einem Artikel zu anonymen „Kampfpostern" – so nennen wir in Österreich jene User, die ein besonders manisches oder aggressives Diskussionsverhalten haben, die mitunter tausende Kommentare zu einem Thema hinterlassen. Ich traf hierfür einige aktive Nutzer des „Standard". Die Tageszeitung bietet das bedeutendste Leserforum in Österreich an.

Auch hier wollten viele gar nicht mit mir reden oder nur unter größtmöglicher Wahrung der Anonymität. Der Grund dafür war nicht einzig das Misstrauen gegenüber mir als Journalistin, sie wollten vor allem nicht von den anderen

Kommentatoren erkannt werden – einer erklärte mir, er hätte Angst, es könnte sonst ein Schlägertrupp vor seiner Tür stehen.

Als ich schließlich doch mehrere Kommentatoren treffen konnte, handelte es sich zumeist um ruhige, freundliche Menschen: Der „Makronaut" zum Beispiel: Er saß mit mir in seiner Altbauwohnung, ein schlaksiger, gebildeter Mann, Mitte 30. Er hatte einen Job, der ihm viel Freizeit ließ. Im persönlichen Gespräch wirkte er eher zurückhaltend, dachte lange nach, ehe er antwortete. Im Netz hingegen fiel er mit seiner Streitlust auf, er widmete sich einem besonders polarisierten Thema: dem Nahen Osten. Der „Makronaut" verteidigte unerbittlich die Politik Israels – ihn trieb das Bedürfnis, dass er falsche Meinungen nicht unwidersprochen stehen lassen wollte.[7] Ein anderer User nannte sich online „odrr", ein Mediziner; er bat mich, keine weiteren Details über ihn zu veröffentlichen. Der Mann war im Gespräch ausgesprochen freundlich und differenziert. Er wirkte nicht wie einer, der eine innere Wut in sich trägt. Aber auch er kennt das Gefühl, wenn ihn ein Leserkommentar in Rage bringt. „Jeder Mensch hat eine irrationale Seite", sagte er damals zu mir. Obwohl dies unspektakulär klingen mag, ist das ein wesentlicher Aspekt: Aggression und Wut sind uns allen nicht fremd. Wir unterdrücken derartige Impulse allerdings häufig, nicht bloß aus Gutmütigkeit, sondern auch aus Selbstschutz – weil unsere Gesellschaft asoziales Verhalten sanktioniert.

Stellen Sie sich vor, Sie stehen an der Supermarktkassa und der Mann vor ihnen rastet komplett aus: Die Kassiererin hat seine Mineralwasserflasche fallen gelassen, jetzt liegen überall auf dem Boden Scherben und alles ist nass. Der Mann beginnt zu schreien, bezeichnet die Frau als „Trampel" oder als „dumme Schlampe", die „niemals geboren hätte werden" sollen. Wie reagieren Sie in einem solchen Fall? Ich wette, Sie schauen zumindest verblüfft. Vielleicht schütteln Sie den Kopf, heben die Augenbraue oder beginnen peinlich berührt zu lachen. Womöglich erheben Sie sogar die Stimme, sagen etwas wie: „Hören Sie auf, so mit der Frau zu reden!" Auf jeden Fall wird es in diesem Szenario eine Reaktion geben, sowohl von der Kassiererin wie auch von den herumstehenden Personen. Und selbst wenn kein einziges Wort fällt, ist die Wahrscheinlichkeit hoch, dass dieser Mann zumindest böse Blicke erntet. Wir Menschen können allein mit Augenkontakt jemandem zu verstehen geben, dass wir ihn als asozialen Wurstel empfinden.

Gerade weil nonverbale Signale so beklemmend sein können, kommt es offline oft gar nicht zu solchen Situationen. Am Gesichtsausdruck des Gegenübers sieht man, ob man in der Tonalität zu harsch wird. Dass Augenkontakt tatsächlich empathiefördernd ist, fanden auch die israelischen Forscher Noam Lapidot-Lefler und Azy Barak heraus.

Sie führten folgendes Experiment durch: 142 Studierende wurden vor einen Computer gesetzt. Sie mussten mit einem anderen Studien-Teilnehmer über das Internet diskutieren und ein ethisches Dilemma ausfechten. Jeder von ihnen benötigte ein lebensrettendes Medikament für eine Person, die ihnen am Herzen lag. Doch pro Diskussionspaar gab es nur eine Dosis. Die Studierenden verhandelten, wer dieses Medikament bekommen soll, und versuchten den anderen von der eigenen Position zu überzeugen. Die Paare wurden in Gruppen geteilt: Den einen wurde die

Identität des Gesprächspartners mitgeteilt, somit gab es keine Anonymität. Die anderen konnten ihren Partner von der Seite aus via Kamera beobachten, es herrschte keine Unsichtbarkeit. Und die dritten hatten direkten Augenkontakt mit ihrem Gegenüber via Webcam. Über ein Chatprogramm diskutierten diese Paare anschließend miteinander. Die Forscher werteten aus, wie oft es zu Beleidigungen gekommen war. Das Ergebnis: Augenkontakt wirkte sich besonders positiv aus. Es kam bei diesen Gesprächspaaren zu weniger Beleidigungen und Drohungen. Sie notieren: „Unsere Ergebnissen deuten darauf hin, dass bezüglich toxischer Enthemmung fehlender Augenkontakt die Teilnehmer dazu bringt, sich weniger exponiert und mehr anonym zu fühlen, sodass sie eher dazu neigen, beleidigendes Verhalten anzuwenden.“[8] Diese Studie unterstützt die Aussage, dass Menschen online Dinge von sich geben, die sie niemandem ins Gesicht sagen würden.

Macht das Internet den Menschen zu einem rücksichtsloseren Individuum? Wohl kaum. Wahrscheinlicher ist es, dass wir online Facetten und Impulse vieler Menschen sehen, die sonst verborgen oder unterdrückt bleiben. Daher ist es auch ein Irrglaube, dass Pöbeleien im Internet irgendeine „befreiende Wirkung" hätten. Genauso ließe sich argumentieren, dass es eine „befreiende Wirkung" hat, wenn der Stärkere dem Schwächeren ins Gesicht schlagen darf.

Die Menschheit hat über lange Zeit hinweg sowohl Regeln als auch Umgangsformen entwickelt, um Gewalt zunehmend einzudämmen. Diese These vertritt zumindest der Psychologe Steven Pinker von der Universität Harvard. In einem Interview mit dem „Spiegel" sagte er einmal:

„Aggression und Gewalt sind in der menschlichen Natur angelegt, weil sie in der Evolution förderlich sein können. Der Prozess der Zivilisation läuft aber darauf hinaus, Normen und Institutionen zu schaffen, die Gewalt ersetzen und gewissermaßen unrentabel machen."[9]

Von Kindheit an wird uns diese Unrentabilität von verbaler und nonverbaler Gewalt mit Sprüchen erklärt wie: „Was du nicht willst, dass man dir tu, das füg' auch keinem andern zu." Oder: „Wie man in den Wald hineinruft, so schallt es heraus." Es ist wichtig, auch im Internet Verantwortung für das eigene Verhalten einzufordern. Diese Binsenweisheiten sollen auch dort ihre Gültigkeit haben.

Dieser „Prozess der Zivilisation" dehnt sich nun auf das Netz aus und wir lernen schrittweise, online deutlichere Grenzen zu setzen und zu viel Enthemmung zu sanktionieren. Nur wie kann uns das im Konkreten gelingen? Es ist unrealistisch, dass wir in Zukunft permanent via Webcam kommunizieren werden, bloß damit es Augenkontakt gibt. Wohl aber können wir es klarer machen, dass Worte Konsequenzen nach sich ziehen können. Selbst sanfte Konsequenzen haben mitunter eine überraschende Wirkung – ähnlich der Scham, die man spürt, wenn einen böse Blicke an der Supermarktkassa durchbohren.

Der US-Journalist David Pogue, der früher bei der „New York Times" war und heute für Yahoo arbeitet, erzählte mir einmal, wie er auf aggressive Leser reagiert, auf Zeilen wie: „Lieber David, zuerst möchte ich sagen, dass du nur Scheiße redest (…)." Pogue meinte: „Manchmal schreibe ich nur: ‚Ich antworte gern Ihren Bedenken, wenn Sie Ihre Nachricht nochmal schicken können, ohne dabei ausfällig zu werden.' Manchmal gehe ich auch auf die Kommentare ein. In ihrer Antwort entschuldigen sich die Leute dann fast immer und beschwichtigen. Mir scheint, die rechnen keine Sekunde damit, dass ich tatsächlich antworte. Und wenn ich's dann doch tue, ist ihnen ihr voriges E-Mail furchtbar unangenehm."[10]

Dass Menschen online das Gewicht ihrer eigenen Worte unterschätzen, ist ein zentrales Problem und hängt auch mit dem Gefühl der Unsichtbarkeit im Internet zusammen. Viele Personen, die hasserfüllte E-Mails an Fremde senden, bedenken gar nicht, was ihre Worte anrichten. Sie sind ganz verdutzt oder peinlich berührt, wenn sie von der betroffenen Person auf ihre unfreundliche Aussage angesprochen werden. Mit einer Rückmeldung rechnen sie nicht, sie fühlen sich regelrecht unsichtbar und erwarten keine Konsequenzen. Das Beispiel von David Pogue zeigt, wie wichtig es ist, gegen dieses Gefühl der Unsichtbarkeit und Konsequenzenlosigkeit anzukämpfen – und sei es auch nur mit einem simplen E-Mail (wobei es auch andere Strategien gibt, wie ich später erklären werde). Die fehlenden nonverbalen Signale, das fehlende unmittelbare Feedback sind also ein wesentlicher Unterschied zwischen Diskussionen im und außerhalb vom Netz. Ein weiterer Aspekt unterscheidet die Welt außerhalb des Internets von jener online: die schiere Auswahl und die vielen Nischen, die sich bieten. Diese immense Vielfalt macht das Internet zu einer aufregenden und erfüllenden Erfindung, gleichzeitig löst dieses Maß an Möglichkeiten auch etliche Probleme aus – mitunter kommt es zu einer Fragmentierung der Gesellschaft.

3. DIGITALE ABSCHOTTUNG

Vielleicht hatten Sie als Kind auch ein verschrobenes Hobby, für das Sie von den Klassenkollegen eher belächelt wurden. Ich jedenfalls war schon immer ein Science-Fiction-Fan, von Serien wie „Star Trek" und „Babylon 5" versäumte ich möglichst keine Folge. Anfang der 1990er-Jahren war das nicht gerade ein mehrheitstaugliches Interesse: Ein paar Freunde von mir sahen das zwar ähnlich, aber einfach war es nicht, Gleichdenkende oder gute Informationen über sein Hobby zu finden. Als Jugendliche habe ich Stunden in der Buchhandlung bei den importierten Science-Fiction-Zeitschriften verbracht und heimlich dort die Artikel gelesen. Dermaßen trist war das früher, wenn man sich für einen selteneren Zeitvertreib und nicht für die Boyband des Monats interessierte. Dann kam das Internet, das vielen „Geeks" (das sind Personen, die sich leidenschaftlich einem Interesse hingeben) signalisierte: Hey, du bist ja gar nicht so komisch!

Es war immer schon so, dass wir lieber mit jenen Personen Zeit verbringen, die gleiche Interessen und Werte haben. Auch ist es seit jeher so, dass wir Informationen, die unsere Sichtweise bestätigen, tendenziell mehr Gewicht geben – die Wissenschaft nennt dies den „Confirmation Bias". Nur ist es aufgrund der Digitalisierung leichter geworden, Gleichdenkende und Informationen aufzuspüren, die uns bestätigen.

Dass sich nun Science-Fiction-Fans zusammenfinden können, hält wohl kaum jemand für bedenklich. Anders ist dies aber bei Interessen, die auf der Leiter der sozialen Anerkennung weiter unten angesiedelt sind; zum Beispiel

Verschwörungstheoretiker. Wer früher an Ufos glaubte, konnte natürlich Publikationen aus dem Kopp-Verlag bestellen, der von Esoterik bis hin zu rechter Geschichtsdeutung seit langem ein fragwürdiges Nischenprogramm bietet. Man konnte auch zu einschlägigen Ufologen-Treffen gehen, bei denen man endlich Gleichdenkende antraf. Doch das alles brauchte viel Einsatz – man musste für diese Themen wirklich glühen. Heute reichen ein paar Klicks auf Facebook, um sich tiefer und tiefer in eine Community zu begeben. Problematisch wird dies dann, wenn einzelne Gruppierungen zur fundamentalen Opposition zum Rest der Gesellschaft werden – wenn sie in keinen Austausch mehr mit anderen treten wollen oder dies nur dann zu tun, wenn sie sich über diese Andersdenkenden aufregen wollen oder sogar zu diskriminierenden Mitteln greifen. Genau dieser Effekt ist online beobachtbar. Mehr als das: Er ist sogar messbar.

Das Internet ermöglicht die Entstehung sogenannter „Echokammern", das sind digitale Räume, in denen Nutzer hauptsächlich Inhalte eingeblendet bekommen, die ihre Meinung bekräftigen. Wie ein Echo hallt es darin zurück. Eine Untersuchung italienischer und amerikanischer Forscher bestätigt die Existenz dieser Echokammern. Konkret verglichen die Wissenschaftler, wie sich Informationen rund um unterschiedliche Interessensgruppen verbreiten. Sie analysierten dafür 67 italienische Facebook-Seiten und all ihre öffentlichen Beiträge innerhalb der vergangenen fünf Jahre. Es handelte sich um 32 Fanpages zu Verschwörungstheorien, 35 Seiten, die wissenschaftliche Neuigkeiten verbreiten, und zwei Troll-Pages, das sind Seiten, die bewusst

Falschinformation streuen und sich über die Leichtgläubigkeit der Menschen lustig machen.[11]

Ich habe mit Michela Del Vicario, einer dieser Studienautorinnen gesprochen, die am Labor für Computational Social Science in Lucca, Italien, forscht. „Es ist ziemlich alarmierend, wie wenig Achtsamkeit auf die Glaubwürdigkeit einer Quelle gelegt wird und wie leicht sich dementsprechend Falschinformationen verbreiten", berichtet sie. Als Verschwörungstheorie-Seiten kategorisierten die Wissenschaftler Fanpages, die alternative und kontroverse Ansichten verbreiteten, für die entsprechende Nachweise fehlten. Solche Verschwörungstheorien sagen etwa, dass Impfen Autismus verursacht (was wissenschaftlich widerlegt ist) oder sie warnen vor einer „Neuen Weltordnung", einer Art geheimen, bösartigen Weltregierung.

Faszinierend ist, wie stark die unterschiedlichen Gruppen – die Anhänger von Verschwörungstheorien gleichermaßen wie die Fans von Wissenschaftsnachrichten – unter sich blieben. Die Forscher notierten in ihrer Studie: „User tendieren dazu, sich in Communitys mit demselben Interesse zu aggregieren, was zu einer Verstärkung des ‚Confirmation Bias' führt, zur Abgrenzung und zur Polarisierung. Dies schadet der Informationsqualität und führt zu einer starken Vermehrung von voreingenommenen Sichtweisen, geschürt durch nicht belegte Gerüchte, Misstrauen und Paranoia."[12]

Konkret sprechen Del Vicario und ihre Kollegen von „homogenen, polarisierten Clustern" – das sind Ansammlungen von Menschen, die gleiche Interessen haben und zu anderen Gruppen kaum Kontakt pflegen. Das Unbehagliche an dieser Polarisierung ist, dass der Austausch häufig nur noch stattfindet, um sich die eigenen Vorurteile bestätigen zu lassen. „Spiegel Online" hat dies zutreffend formuliert: „Aus Echokammern werden Echobunker".[13] Das zeigten die italienischen Forscher in einer weiteren Studie. Sie heißt auf Deutsch übersetzt: „Emotionale Dynamiken im Zeitalter der Fehlinformation". Die Wissenschaftler haben hierfür eine Million Facebook-Kommentare auf ihre Tonalität hin untersucht, die Auswertung bestätigte vieles, was Internetuser Tag für Tag erleben. Mit fortschreitender Länge einer Online-Diskussion wird es immer ruppiger. Erscheinen unter einem Facebook-Posting viele Kommentare, steigt die Wahrscheinlichkeit von negativen Wortmeldungen.[14]

Auch hier sahen sich die Forscher erneut sowohl die Anhänger von Wissenschaftsseiten als auch jene von Verschwörungstheorien auf Facebook an. Zwei Unterschiede sind interessant: Erstens wird auf Wissenschaftsseiten deutlich fröhlicher diskutiert. Während 70 Prozent der Kommentare bei Wissenschafts-Pages positiv oder neutral sind, ist dies bei den Verschwörungsseiten nur bei 51 Prozent der Fall. Noch konkreter: Bei den Science-Pages ist jeder fünfte Kommentar positiv, bei den Verschwörungsseiten nur jeder zehnte.

Näher betrachtet ist dies gar nicht so verwunderlich: Denn was tun Anhänger von Verschwörungstheorien auf Facebook? Sie regen sich über ein Komplott auf und darüber, dass der Rest der Gesellschaft beharrlich dieses Komplott ausblendet. Das kann keine angenehme Weltsicht sein. Stellen Sie sich vor, Sie würden daran glauben, dass es eine Verschwörung unter Ärzten, Politikern und der Pharmaindustrie gibt, die die Lüge in die Welt gesetzt hätten, Viren würden Krankheiten auslösen. Tatsächlich aber, so meinen sie, führen Impfungen in Wahrheit zu Krankheiten sowie zu Autismus – und bei den staatlichen Kampagnen zum Impfen wird bewusst ein Teil der Bevölkerung angesteckt. Wahrscheinlich wären Sie in diesem Fall auch nicht gut gelaunt. Verschwörungstheoretiker machen sich selbst das Leben schwer, indem sie allerorts Bedrohungen orten.

Die zweite Erkenntnis dieser Studie zu den Emotionen auf Facebook ist noch spannender: „Wenn diese Communitys miteinander interagieren, weisen die Beiträge eine höhere Konzentration negativer Stimmung auf."[15] Einfacher gesagt: Wenn Anhänger von Verschwörungstheorien und Wissenschafts-Fans aufeinander treffen, verstehen sich diese Gruppen nicht. Hier ist die Wahrscheinlichkeit umso höher, dass es zu einer negativen Wortwahl kommt.

Das Beispiel Impfen illustriert dies gut: Zeigt erneut eine Studie auf, dass es keinen Zusammenhang zwischen Impfen und Autismus gibt, dann könnte diese Nachricht sowohl Impfgegner als auch wissenschaftlich interessierte Menschen beschäftigen. Treffen diese zwei Gruppen aufeinander, werden sie aber kaum einen Konsens finden: Die Impfgegner reden erneut von einer „bezahlten Studie", selbst wenn es dafür gar keinen Beleg gibt. Die Impfbefürworter reagieren darauf häufig mit Häme, nennen das „paranoid" oder gar „dumm". Dementsprechend verhärtet sich dann auch noch das Diskussionsklima.

Die Studie der italienischen Wissenschaftler zeigt vor allem, wie sehr wir Menschen online aneinander vorbeireden. In den sozialen Medien lässt sich permanent ein Scheitern des menschlichen Diskutierens beobachten – ein

Scheitern, das dadurch vereinfacht wird, dass diese Gruppen sich so leicht abspalten und radikalisieren können. Denn Echokammern erleichtern Radikalpositionen. Je seltener ich auf Andersdenkende treffe, umso weniger muss ich meine eigenen Argumente hinterfragen.

Diese Abschottung wird von einigen Gruppierungen sogar bewusst den eigenen Mitgliedern empfohlen: Das erleichtert ein „Wir gegen die"-Gefühl und verhindert, dass die eigenen Anhänger zu viel mit anderen Gedanken in Kontakt kommen. In meinen Augen ist zum Beispiel Pegida eine solche Parallelgesellschaft, die sowohl online als auch offline existiert.

Anfang Februar 2015 ging Pegida in Wien zum ersten Mal auf die Straße. Es handelte sich dabei um einen eher schwachen Aufmarsch: 400 Demonstranten, teilweise eindeutig aus der rechten Szene, standen 5000 linken Gegendemonstranten gegenüber. Ungewöhnlich war allerdings, wie emotional dieses Event im Internet im Nachhinein diskutiert wurde. Mehrere Teilnehmer der Veranstaltung hatten die Hand zum Hitlergruß erhoben. Ich war als Journalistin vor Ort und habe dies auch beobachtet. Es gibt sogar Bildbelege davon. Der „Kurier"-Fotograf Jürg Christandl veröffentlichte eine solche Aufnahme, ein weiteres Video zeigt, wie einzelne ihre Hand in NS-Manier erhoben.[16][17] Für mein Medium, das Nachrichtenmagazin „profil", schrieb ich über diese – sowohl in Österreich als auch Deutschland verbotene – Geste bei der Veranstaltung. Die Reaktionen darauf waren schockierend.

„Journalisten Terroristen, Ihr seit die Lügner der Nation", erklärte der User Manuel F. auf der Facebook-Seite von „profil" dazu. „Ihr seid so armselige Würsteln ihr

Lügenschreiberlinge", schrieb ein Michael R., die Nachnamen wurden von mir anonymisiert. „Ich kaufe keine Zeitung mehr. Hab es satt lügen zu finanzieren", erklärte einer mit Pseudonym. Christina P. meinte: „geh komm bitte, selten so einen schlechten Bericht gelesen!" Und ein weiterer Nutzer mit Pseudonym schrieb: „was bekommen sie von der SPÖ für so Lügenberichte oder bekommen sie was von den Grünen????"[18]

Es ist natürlich nicht angenehm, als „armseliges Würstel" oder als korrupt beschimpft zu werden. Als wirklich erschreckend empfinde ich allerdings nicht die Wortwahl, sondern die Denkweise vieler dieser Kommentatoren: Selbst Bildbelege wollten sie nicht anerkennen, sahen diese als Täuschung, als einen weiteren Beleg, wie sie von Medien belogen werden. Sie hielten es nicht für wahrscheinlich, dass sich auf einer rechten Demo auch Rechtsradikale versammelt hatten. Ihnen schien es naheliegender, dass es tatsächlich ein Komplott unter etlichen Journalisten gab, die „besorgte Bürger" als Nazis verunglimpfen. Wie sehr manche Menschen nicht mehr glauben wollen, was sie in etablierten Medien lesen, wurde hier deutlich.

Pegida ist nur ein Symptom für einen größeren Wandel: der Polarisierung der politischen Debatte, dem Auseinanderdriften gesellschaftlicher Gruppen. Das Internet verstärkt dieses Auseinanderdriften mitunter, es hilft oft den radikaleren Akteuren. Schreihälse finden online tatsächlich mehr Gehör. Darauf deutet eine Untersuchung von den Wissenschaftlern Daegon Cho und Alessandro Acquisti aus dem Jahr 2013 hin; damals forschten beide an der Carnegie Mellon University in den Vereinigten Staaten. Sie analysierten 75.000 Leserkommentare auf südkoreanischen Nachrichtenseiten.

Unter anderem ermittelten sie dabei, welche Wortmeldungen die meisten Likes erhielten. In etlichen Zeitungsforen kann man Userkommentare bewerten, diese zum Beispiel als „gut" oder „nicht hilfreich" einschätzen, rote oder grüne Striche verteilen oder den Kommentar empfehlen. Eine Erkenntnis der Auswertung der beiden Forscher: Kommentare mit Schimpfworten erhielten mehr Likes, sie ernteten öfters Bestätigung.[19]

Wer also stänkert, dem wird signalisiert, nur weiter so, Daumen hoch. Aber das ist nicht das einzig Problematische daran: Wer besonders viele Likes erhält, wird in Folge mit noch mehr Aufmerksamkeit belohnt – dafür sorgen Algorithmen, die Meldungen für uns filtern.

Algorithmen sind an sich nichts Ungewöhnliches: Jedes Kochrezept ist beispielsweise ein Algorithmus – eine klare Handlungsanleitung zur Erreichung eines gewünschtes Zustands. Auch jede Software basiert auf Algorithmen, sie sind die Logik eines jeden Programms. Wenn die Ampel auf Rot springt, ist ein Algorithmus dafür verantwortlich. Wenn wir online nach einer Information suchen, berücksichtigen Algorithmen hunderte oder gar tausende Faktoren – mehr Faktoren als ein Mensch je verarbeiten könnte. Und spätestens ab diesem Moment wird es interessant: Der Konsument weiß in der Regel nicht, nach welchen Kriterien diese Algorithmen vorgehen beziehungsweise programmiert wurden.

Einigen Benutzern ist dies nicht bewusst, aber Facebook trifft für sie eine Auswahl: Es blendet nur einen Bruchteil der Beiträge von Freunden und Seiten ein, denen sie folgen. „Die Meldungen, die in deinen Neuigkeiten angezeigt werden, werden von deinen Verbindungen und Aktivitäten auf

Facebook beeinflusst. Auf diese Weise siehst du mehr interessante Meldungen von Freunden, mit denen du am meisten interagierst", erklärt der Konzern diesen Prozess.[20] Wie diese Auswahl genau passiert, welche Faktoren vom Facebook-Algorithmus wie gewertet werden, gibt das Unternehmen nicht bekannt. Auch kann der einzelne Nutzer nicht sagen, dass er auf die algorithmische Filterung verzichten und einfach immer die neuesten Beiträge sehen will. Diese fehlende Wahlmöglichkeit für den einzelnen Nutzer sorgt für Kritik. Wir wissen aber immerhin, dass Interaktion beim Algorithmus eine wesentliche Rolle spielt: Erhält ein Beitrag vieles Likes und Kommentare, dann wird er umso mehr Menschen sichtbar gemacht – diese Wortmeldung erhält in diesen Fällen eine größere Reichweite.

Aus der Perspektive von Facebook ist ein solches Vorgehen absolut logisch: Das Unternehmen will Menschen möglichst interessante Meldungen einblenden. Denn je spannender sie die Seite finden, desto mehr Zeit verbringen sie dort – und dementsprechend viel Werbung kann ihnen das Netzwerk einblenden. Die algorithmische Sortierung stellt aber eine zusätzliche Hürde für einen nüchternen Austausch dar. Spröde oder sehr nuancierte Personen haben es umso schwerer, gesehen zu werden: Sie kriegen ohnehin schon weniger Likes als User, die härter kommunizieren und deftige Ansagen liefern. Und wer wenig Interaktion hat, wird umso mehr vom Algorithmus ausgeblendet.

Für die Parteienlandschaft bedeutet dies, dass es populistische Politiker oder radikalere Gruppen, die auch gehörig schimpfen, leichter haben: Sie ernten affirmative Klicks, und sie werden dann umso mehr Bürgern eingeblendet. Deswegen spreche ich von einer Mischung aus technischen und menschlichen Faktoren, die die Polarisierung im Internet antreibt: Es sind zum einen Menschen, die bei emotionalen Wortmeldungen eher auf „gefällt mir" drücken, aber dann kommt auch noch der Algorithmus zum Einsatz, der diese affektiven Äußerungen entsprechend stärker hervorhebt. Das erklärt in meinen Augen sowohl die Sichtbarkeit von Bewegungen wie Pegida als auch den Erfolg vieler Populisten auf Facebook – in allen Lagern. Heinz-Christian Strache von der rechten FPÖ ist beispielsweise der erfolgreichste Politiker Österreichs in dem sozialen Netzwerk, er hat 327.000 Fans. Sahra Wagenknecht, Fraktionsvorsitzende der Linken im Bundestag, ist ebenfalls äußerst sichtbar, Wagenknecht hat 189.000 Fans. Wenn Strache sagt, „Der Halbmond ist wunderschön, wenn er am Himmel steht oder als Vanillekipferl daher kommt. Aber nicht als Symbol für Österreich", passt dies ebenso zur emotionsgetriebenen Facebook-Logik, wie wenn Wagenknecht erklärt: „Wer Demokratie will, muss die Finanzmafia entmachten."[21] [22]

Nur wer schreit, so scheint es oft, findet online Gehör. Peter Glaser hat diese Problematik gut in der „Süddeutschen Zeitung" beschrieben: „Facebook ist kein Medium, das moderate Debatten fördert – die DNA des Kommunikationsgiganten ist boulevardesk. Um darauf hinzuweisen, dass man existiert, ist online ein deutlich höheres Lärmvolumen nötig als im wahren Leben."[23]

Je wichtiger Facebook wird, je mehr Menschen auch politische Nachrichten hierüber beziehen, desto mehr prägt der Algorithmus des sozialen Netzwerks die Meinungsbildung. Haben Sie in den vergangenen Wochen Nachrichten über soziale Medien bezogen? Diese Frage mussten unlängst

Bürger in Deutschland und Österreich beantworten. 38 Prozent der Österreicher sagten, sie haben soziale Medien (allem voran Facebook) als Nachrichtenquelle genutzt.[24] In Deutschland waren es nur 25 Prozent – doch auch hier wächst dieser Anteil, wie aus dem Digital News Report des Reuters Institute der Universität Oxford hervorgeht.[25] Gewiss gibt es etliche etablierte Printmedien, die ebenfalls eine boulevardeske und umstrittene Auswahl treffen, aber keine Redaktion dieser Welt hatte je solch ein großes Publikum wie es Facebook heute hat. Deswegen steigt eben der Druck von Wissenschaftlern und auch Journalisten, die gerne näher wissen wollen, nach welchen Kriterien denn hier die Inhalte gefiltert werden.

Natürlich kann eine solche Selektion eine Auswirkung auf unseren Blick auf die Welt haben: Diese Filterung sorgte in den USA bereits im Sommer 2014 für Irritationen. Die Polizei hatte in der Stadt Ferguson einen jungen Afroamerikaner erschossen – der unbewaffnet war. Massendemonstrationen gegen Polizeigewalt fanden statt. Bilder von wütenden Demonstranten und wie Schildkröten gepanzerten und aufmunitionierten Polizisten wurden geteilt. Zumindest auf Twitter waren diese Fotos schon am ersten Abend der Proteste gut sichtbar, Twitter wurde damals noch nicht von Algorithmen sortiert. Facebook hingegen zeigte vielen Amerikanern am ersten Tag nichts von schwer bewaffneten Polizisten. Warum war ein so wichtiges politisches Event wie in der us-amerikanischen Stadt Ferguson nicht prominent auf Facebook sichtbar? Die Medienwissenschaftlerin Zeynep Tufekci von der University of North Carolina kritisierte, dass hier der Facebook-Algorithmus zu Beginn der Demonstrationen vielen Menschen ein wichtiges Thema nicht präsentierte. Twitter hatte im Wesentlichen dazu beigetragen, dass die Nation rasch über Ferguson Bescheid wusste – Facebook anscheinend nicht. „Algorithmen haben Konsequenzen", schrieb Tufekci in einem Blogeintrag.[26]

Facebook ist dabei längst nicht das einzige IT-Unternehmen, das eine – auf den einzelnen Computernutzer zugeschnittene – Auswahl per Algorithmus trifft. Das ist ebenfalls bei der personalisierten Suche von Google der Fall und oftmals ganz einfach notwendig, wenn Informationsmengen so groß werden, dass kein Mensch mehr den Überblick bewahren kann. Doch diese automatisierte Selektion birgt eine beachtliche Gefahr: Nämlich dass unser Blick auf die Welt damit womöglich nicht breiter, sondern enger wird – und wir in einer „Filterblase" landen.

Der Aktivist und Mediengründer Eli Pariser entwickelte das Konzept der Filterblase im gleichnamigen Buch. In einem berühmten Vortrag, einem TedTalk aus dem Jahr 2011, erklärte er seine Bedenken folgendermaßen: „Während meiner Jugend (...) war das Internet für mich etwas völlig anderes. Es war eine Verbindung zur Welt. Etwas, das uns alle miteinander verbinden würde. Und ich war sicher, dass es großartig für die Demokratie sein würde und für unsere Gesellschaft. Aber es gibt eine Verschiebung darin, wie Informationen online fließen, und zwar eine unsichtbare. Und wenn wir nicht aufpassen, könnte sie ein echtes Problem werden. Mir ist sie zuerst an einem Ort aufgefallen, an dem ich viel Zeit verbringe – meiner Facebook-Seite. Ich bin politisch progressiv (...), aber ich habe mich immer bemüht, Konservativen zu begegnen. Ich mag es, zu hören worüber sie nachdenken. Ich mag es, zu sehen was sie verlinken. Ich mag es, ein, zwei Dinge zu lernen. Also war ich überrascht, als ich eines Tages gemerkt habe, dass die Konservativen aus meinen Facebook-Neuigkeiten verschwunden waren. Wie sich herausstellte, hatte Facebook registriert, auf welche Links ich klickte, und hatte festgestellt, dass ich mehr auf die Links meiner liberalen Freunde klickte als auf die meiner konservativen Freunde. Und ohne dass ich gefragt wurde, wurden sie aussortiert. Sie verschwanden."[27]

Echokammer und Filterblase sind zwei Begriffe für eine aktuell stark ausgeprägte Sorge rund um die digitale Kommunikation: Dass wir online unseren Horizont nicht erweitern, sondern uns einengen, dass wir Menschen uns in bequeme Nischen zurückziehen und die Software uns dabei auch noch unterstützt.

Es lässt sich leider sehr schwer bemessen, wie heftig das Problem der digitalen Einengung ist. Das liegt speziell daran, dass Unternehmen wie Google und Facebook ihre Algorithmen nicht offenlegen wollen, es handelt sich schließlich um ihr Firmengeheimnis. Unabhängigen Wissenschaftlern wird nur beschränkt Zugang zu den Facebook-Daten gegeben. Umso mehr sorgte es für Furore, als drei Facebook-Mitarbeiter Einblick nehmen konnten und diese Information in einer Studie verarbeiteten. Diese Data Scientists haben die Daten von 10,1 Millionen amerikanischen Facebook-Usern analysiert und auch überprüft, ob Facebook kontroverse Meinungen ausblendet. Sie kamen in der Fachzeitschrift „Science" zum Schluss: Die Filterblase sei kleiner als angenommen. Bei liberalen Usern blendet Facebook demnach nur acht Prozent der ihnen widersprechenden Nachrichten aus, bei Konservativen fünf Prozent.

Allerdings ist diese Untersuchung aus zwei Gründen umstritten. Einerseits die Methodik: Die Wissenschaftler analysierten nur das Verhalten von Facebook-Usern, die eine politische Einstellung auf ihrem Profil angegeben hatten, sich etwa als „konservativ" oder „liberal" bezeichneten, was nur vier Prozent machen. Dementsprechend sind die Daten nicht repräsentativ. Andererseits die Schlüsse: Denn selbst diese Studie von Facebook-Mitarbeitern hielt fest, dass der Algorithmus zumindest im einstelligen Prozentbereich Nachrichtentexte aussortiert, die nicht dem Weltbild des Users entsprechen. Jedoch klangen manche Formulierungen in der Studie durchaus beschwichtigend. Die Autoren schrieben: „Unsere Arbeit legt nahe, dass Einzelpersonen mehr gegensätzlichen Diskursen ausgesetzt sind, als sich dies manch einer in seiner digitalen Realität ausmalte."[28] Zugespitzt formuliert bedeutet das: Facebook ist weniger arg als eine fiktive digitale Dystopie. So kritisierte der Kommunikationswissenschaftler Christian Sandvig die Untersuchung, er nennt sie auch Facebooks „Es ist nicht unsere Schuld"-Studie. Ein Aspekt erscheint mir hier besonders wichtig: Andere Forscher können keine unabhängigen Studien zur Filterblase des sozialen Netzwerks durchführen. Ohne Zustimmung des Konzerns können sie nicht einmal die Untersuchung der drei Facebook-Mitarbeiter wiederholen und testen, ob sie auf ähnliche Ergebnisse kommen. Doch gerade die Reproduzierbarkeit wissenschaftlicher Ergebnisse zeichnet diese aus.[29]

Die Facebook-Mitarbeiter suggerierten in ihrem wissenschaftlichen Aufsatz indes: Die algorithmische Sortierung ist nicht schlimmer als die Informationsauswahl, die Menschen seit jeher für sich treffen – sie bevorzugen manche

Informationen und benachteiligen andere. Nur ist das schwer vergleichbar: Natürlich hat jeder Mensch das Recht, auszuwählen, welcher Neuigkeit er Aufmerksamkeit schenkt und welcher nicht. Wenn allerdings Computersoftware für uns diese Auswahl trifft, wäre es ganz interessant zu wissen, nach welchen Kriterien dabei vorgegangen wird. Wir erfahren das leider nicht und wir können die Art des Filters auch nicht beeinflussen. Zum Beispiel können Facebook-Nutzer nicht extra einstellen, dass sie auch reichlich jene Beiträge sehen wollen, die ihre Weltsicht womöglich infragestellen. Es gibt keinen Knopf auf Facebook, der einem hilft, die Filterblase zum Platzen zu bringen.

Dies führt letztlich zur berechtigten Sorge, dass die öffentliche Debatte unter dieser Selektion leiden könnte. Oder wie Christian Sandvig es treffend formuliert: „Unsere Demokratie baut darauf auf, dass wir mit anderen Meinungen konfrontiert werden."[30]

Die Diskussion über den Hass im Internet ist nicht allein deswegen so wichtig, weil keiner gerne als „Lügner" oder „Idiot" abgestempelt wird, sondern weil wir als Gesellschaft die Fähigkeit zur Konsensfindung brauchen. Wir müssen auch mit Meinungen umgehen können, die uns irritieren oder gar ärgern, ohne gleich aggressiv, verletzend oder diskriminierend zu werden. Schon im Jahr 2001 warnte der Harvard-Professor Cass Sunstein vor einem Internet, in dem dieser Austausch nicht mehr passiert. Er schrieb: „Es ist wirklich wichtig zu verstehen, dass eine gut funktionierende Demokratie – eine Republik – nicht nur auf der Freiheit vor Zensur aufbaut, sondern auch auf einer Reihe gemeinsamer Erfahrungen und dem oft unnachgefragten, unerwarteten und oft ungewollten Kontakt mit unterschiedlichen Themen, Menschen und Ideen. Ein System der ‚gated communities‘ ist genauso ungesund für den Cyberspace wie für die reale Welt."[31]

4. TYPOLOGIE PROBLEMATISCHER INTERNETNUTZER

Wenn wir über Hass im Internet reden, dann haben wir in der deutschen Sprache ein spezielles Problem. Uns fehlen die Worte – und zwar im buchstäblichen Sinn. Wir haben oft keine deutschen Ausdrücke für die unterschiedlichen Arten von Rüpeleien, die online passieren. Wollen wir etwas genau benennen, müssen wir häufig auf englischsprachige Begriffe zurückgreifen, die aber den meisten Menschen nicht ohne Weiteres geläufig sind. Das macht es besonders schwierig, genau in der Sprache zu sein.

Ein Beispiel: Wie nennt man einen Internetnutzer, der in Videospielen bewusst anderen Menschen Leid zufügt? Etwa, indem er ihre Spielfigur ohne jegliche Provokation erschießt, oder sie auf andere Weise schikaniert? Im Deutschen gibt es keinen Begriff dafür. Im Englischen gilt so jemand als „Griefer", das kommt vom Wort „grief", das Trauer oder Kummer bedeutet. Ich halte „Griefing" für einen sehr guten Begriff, weil er präzise beschreibt, was dieses Verhalten bewirkt. Ein solcher Spieler löst bewusst bei anderen Kummer aus. Das ist nicht in Ordnung, selbst wenn es nur in einer digitalen Spielewelt geschieht.

Im Folgenden beschreibe ich zwei Typen von unangenehmen Internetusern: Zum einen den „Troll", der Mitmenschen zur Weißglut bringen will, zum anderen den „Glaubenskrieger", der online für eine Menge Hass verantwortlich ist. Es ist sinnvoll, nicht alle problematischen User über den Kamm zu scheren: Denn sie werden von ganz unterschiedlichen Motiven angetrieben – und dementsprechend benötigt es unterschiedliche Strategien, um ihre verbalen Übergriffe überhaupt zu erkennen und in der Folge einzudämmen.

Der Troll

Mitchell Henderson war ein 13-jähriger Bursche aus Rochester, US-Bundesstaat Minnesota. Am 20. April 2006 erschoss er sich mit dem Gewehr seiner Eltern. Die Gründe dafür sind unbekannt. Der Suizid erschütterte sein Umfeld: Die Schule hielt einen Trauerdienst ab, Klassenkollegen richteten eine Erinnerungsseite auf dem damals populären sozialen Netzwerk MySpace ein. Solche Seiten werden häufig für verstorbene Teenager angelegt: Freunde und Bekannte drücken dort dann ihre Gefühle und ihr Beileid aus. Einer der Beiträge war grammatikalisch falsch und ungeschickt formuliert. Er begann mit den Worten: „He was such an hero, to take it all away. We miss him so, That you should know (…)." Sinngemäß übersetzt: „Er war so ein Held, alles aufzugeben. Wir vermissen ihn so sehr, das solltet ihr wissen (…)."[32] Das Internet kann ein grausamer Ort sein – und es ist oft äußerst unberechenbar, wen diese Grausamkeit trifft. Mitunter handelt es sich um irrelevante Details, die den Ausschlag geben, auf wen sich ein Mob online stürzt. So war das auch im Fall Mitchell Henderson: Der Kommentar auf seiner Trauerseite war unbeholfen formuliert. Das Wort „Heldentum" ist hier deplatziert. Es handelt sich um eine menschliche Tragödie, wenn sich ein Kind erschießt. Grammatikalisch korrekt müsste es überdies „a hero" statt „an hero" heißen. Genau diese Details fanden einige User anscheinend sehr witzig. Das Posting auf der Trauerseite zog die Aufmerksamkeit von Internetnutzern auf sich und landete schließlich im berüchtigten Diskussionskanal /b/, eine Unterseite des Forums 4Chan.org. Kaum wo im Web ist der Ton so rau und verletzend wie auf /b/. Über die Vergewaltigung von Frauen wird dort gescherzt, Afroamerikaner werden als Menschen zweiter Klasse niedergemacht, und wer das alles nicht lustig findet, gilt als „faggot" – als „Schwuchtel".

Die Meute aus diesem Diskussionsforum begann, über den toten Burschen zu witzeln. Sie behaupteten, er hätte sich umgebracht, weil er zuvor seinen iPod verloren hatte. Tatsächlich hatte Mitchell Henderson sein Gerät verloren, was ihn jedoch genau zum Suizid trieb, ist unklar. Auf /b/ sorgte das Ganze für Unterhaltung. Die Trauerseite auf dem sozialen Netzwerk MySpace wurde gehackt, statt dem Gesicht des Jungen sah man nun das Antlitz eines Zombies. Jemand legte einen iPod auf das Grab des Teenagers und postete das Bild davon online. Etliche Internetnutzer erstellten Bilder, auf denen Suizidszenen gezeigt wurden – daneben die Worte „an hero". Zum Beispiel sieht man eine Katze, die ihren Kopf auf den Lauf einer Waffe gelegt hat, darunter steht in großen Lettern: „AN HERO". So entstand das sogenannte „an hero"-Meme. Memes sind Bilder, Fotos oder Formulierungen, die immer neu aufgegriffen und überarbeitet werden – quasi ein Gedanke, der in verschiedenen Formen weitergereicht werden kann. Bei diesem Meme wird die Formulierung „an hero" bis heute genutzt, um sich über Suizid-Opfer lustig zu machen.

Die Gehässigkeit und Schadenfreude begrenzte sich in diesem Fall nicht auf das Web. Auch das Telefon klingelte ständig bei den Eltern, einer sagte: „Hallo, ich habe Mitchells

iPod." Ein anderer meinte: „Hallo, ich bin Mitchells Geist.
Die Eingangstür ist verschlossen. Könntet ihr runterkom-
men und mich hineinlassen?" Die Anrufenden klangen wie
Kinder, erzählte Mitchell Hendersons Vater der „New York
Times", die den Fall dokumentierte. Eineinhalb Jahre lang
wurden die Hendersons demnach mit solchen Scherzanrufen schmerzlich an den Tod ihres Sohns erinnert.[33]

Dieses Persiflieren eines toten Kindes ist ein klassisches
Werk von Trollen. Sie lachen darüber, wie unlustig andere
Menschen so etwas finden. Sie ergötzen sich daran, wenn
andere Leid spüren, und fühlen sich intellektuell überlegen,
wenn sie Menschen zur Rage oder Verzweiflung treiben.
Trolle wollen uns zur Weißglut führen – sie sind gewissermaßen Hacker unserer Gefühle. „Ein Troll nützt soziale
Dynamiken aus wie ein Computerhacker Sicherheitslöcher",
brachte es der Journalist Adrian Chen auf den Punkt.[34]

Im Deutschen wird leider leichtfertig mit dem Begriff
„Troll" umgegangen: Es gilt oft schon dann jemand als
Troll, wenn er einem widerspricht oder beleidigt. Das
ist ein Missverständnis, denn der Troll geht in der Regel
weitaus berechnender als andere extrem taktlose Menschen
im Internet vor. Tatsächlich kommt dieser Begriff aus der
Anglersprache. Im Englischen nennt man es „Trolling",
wenn man einen Köder ins Wasser wirft und mit dem Boot
langsam davonfährt. Die Raubfische im Wasser sehen, dass
sich etwas bewegt und halten es für Beute – sie schnappen
zu und hängen am Haken. Das ist „trolling", zu Deutsch
„Schleppfischen". Der englische Begriff „Troll" hat somit
nichts mit dem gleichnamigen nordischen Sagenwesen zu
tun.

Auch der Internettroll wirft einen Köder aus, beispielsweise eine verletzende Wortmeldung. Und er hofft, dass wir
anbeißen. Das amüsiert ihn, wenn er uns – so wie der Angler
einen Fisch – an die Schnur bekommt. Für den Troll ist das
der Beweis, dass er intelligenter ist als seine Beute.

Seit den Anfangszeiten des Webs findet man dort auch
Trolle. Erstmals dokumentiert hat diesen Begriff die Wissenschaftlerin Judith Donath vom Massachusetts Institute
of Technology (MIT). Sie beobachtete in den Neunziger-
jahren das Usenet, ein damals populäres Netzwerk, bei dem
man sich zu verschiedensten Themen austauschen konnte.
Eine solche Gruppe hieß „soc.couples.wedding" und disku-
tierte über geplante Hochzeiten, gemeinsam freuten sich die
Nutzer auf das ihnen wichtige Lebensereignis. Die Freude
wurde aber zum Teil getrübt – von einer Pionierin auf dem
Feld der Trollerei. Eine Userin namens „Cheryl" (ob es
wirklich eine Frau war, muss offen bleiben) versetzte dort
regelmäßig die anderen in Aufruhr. Sie wendete in ihren
Kommentaren einen herablassenden Ton an und erklärte
den anderen Teilnehmern regelmäßig, wie eine angemessene
Hochzeit auszusehen habe. Nur Menschen ohne Stil würden
beispielsweise die Einladungen für ihre Trauung zuhause
ausdrucken und nicht einen Profi damit beauftragen. Wer
nicht genug Geld für eine kostspielige Hochzeitskleidung
habe, solle erst gar nicht heiraten. Das brachte viele auf die
Palme und verursachte erhitzte Diskussionen. Schließlich
erklärte jemand im Forum, dass es sich bei „Cheryl" wohl
um einen Troll handle, der ähnlich wie beim Fischen hier
nach Beute angelt.

Die Wissenschaftlerin Judith Donath dokumentierte diese Diskussionen im Usenet. In einem bekannten

Aufsatz lieferte sie die erste wissenschaftliche Definition des Trollens: Sie nannte es ein „Spiel, bei dem man seine Identität verschleiert, wobei dieses Spiel ohne die Zustimmung der meisten anderen Mitspieler abläuft. Der Troll versucht wie ein seriöser Teilnehmer zu wirken, der die gemeinsamen Interessen und Anliegen der Gruppe teilt."[35]

Zum Beispiel geben sich Trolle gerne als harmlose Neulinge in einer Diskussionsgruppe aus und versuchen, mit herausragend naiven oder dummen Fragen User zur Weißglut zu bringen. In einem Katzenforum schrieb ein Benutzer (der höchstwahrscheinlich ein Troll ist) unter dem Betreff „Einer Katze angst machen": „Hi! ich habe ein Problem und die Suchfunktion hat mich nicht weitergebracht. Meine Mutter hat 2 katzen, diese sind ungeheuer schlecht erzogen (insofern man bei katzen überhaupt von Erziehung sprechen kann) und pinkeln mir ständig ins Bett. Meine Frage ist, kann ich es irgendwie anstellen dass die katzen panische angst mit meinem Zimmer verbinden und erst garnichtmehr reingehen ? Und nein ich kann die Tür nicht immer zu haben, manchmal vergisst man das halt."

Der Beitrag stieß auf Unverständnis bis Wut bei Mitgliedern im Katzenforum. Eine Userin schrieb etwa: „Du willst hier in einem Katzenforum ernsthaft Tipps, wie du Katzen panische Angst vor deinem Zimmer machen kannst??" Daraufhin antwortete der Troll – erneut mit etlichen Tippfehlern:

„Hi erstmal danke für die antworten, die katzen sind seit ungefair 3 jahren bei uns, das verhalten bemerke ich vermehrt in letzter zeit, ich weiss nicht ob es beide machen, ich hab sie nochnie dabei erwischt (dann würde es die katzen auch schon nichtmehr geben). Kastriert sind beide und wir haben ein katzenklo. Und zu guter letzt ja ich hasse sie".[36] Spätestens ab diesem Moment ist der Schluss naheliegend, dass es sich hier um einen Troll handelt. Es ist nicht gerade diplomatisch, in einem Katzenliebhaber-Forum mit dem Umbringen von Katzen zu drohen. Im Gegenteil: Das klingt nach einer typischen Trollerei. Ein Teil der User versuchte trotzdem weiter ernsthaft, mit ihm über seine Einstellung zu Katzen zu diskutieren. Ein anderer Teil begann zu warnen, dass dies wohl ein Troll ist. Am Ende drehte sich die Diskussion nur darum, ob dies nun ein Troll ist oder ob hier wirklich zwei Tiere in Gefahr sind. Eine derartige unnötige Aufregung finden Trolle lustig – dieses Verhalten ist vergleichbar mit früheren Scherzanrufen, die sicher viele in der Schulzeit machten. Trolle haben einen ähnlich pubertären Humor. Das Dummstellen ist aber nur einer von vielen Tricks solcher Provokateure. Die britische Forscherin Claire Hardaker hat verschiedene Strategien ausfindig gemacht:

- Abschweifen: Man lockt die Diskussion in eine andere Richtung, die wahrscheinlich ergebnislos bleibt und für die Teilnehmenden eher frustrierend ist. Zum Beispiel könnte man im Katzenforum auch die Frage aufwerfen, ob nicht Hunde besser sind als Katzen, und schauen, ob das eine größere Diskussion auslöst.
- Überzogene Kritik: Auf einen Beitrag einer anderen Person reagiert ein Troll mit unverhältnismäßiger oder pedantischer Kritik. Zum Beispiel wird auf den Tippfehlern des anderen herumgeritten, was andere Nutzer motiviert, die kritisierte Person zu verteidigen. Die ganze Diskussion dreht sich plötzlich um die Frage, ob

ein falsch geschriebenes Wort Zeichen eines fehlenden Intellekts ist – und die Diskussion wurde damit vom Troll gekapert.

– Antipathie ausnützen: Hier nimmt man bewusst eine Haltung oder Sichtweise ein, die die anderen Diskussionspartner irritiert. Das gerade gebrachte Beispiel ist ein solcher Fall: Hier versucht ein User anscheinend, Katzenfreunde in Aufruhr zu versetzen.

– Eine Bedrohung fingieren: Auch hier gibt sich der Troll als naiv aus und erweckt den Eindruck, dass ihm irgendeine Gefahr nicht bewusst wäre – die anderen Nutzer sind alarmiert, versuchen die Gefahr abzuwenden. Auch im Fall der pinkelnden Katzen war dies so: Einige Nutzer versuchten, dem Troll zu erklären, dass er Tieren keine Gewalt zufügen dürfe.

– Schocken: Eine banale, aber effektive Strategie. Mit Worten, Bildern oder Videos werden Tabus gebrochen, also die Moralvorstellungen der anderen verletzt. Der Fall Mitchell Henderson wäre ein solches Beispiel: Viele Menschen erschüttert es, wenn sie davon erfahren, dass sich Personen über den Tod eines Kindes lustig machen.

– Unprovozierte Aggression: Ein Troll attackiert einen Internetnutzer ohne erkennbaren Grund. Das Ziel ist hierbei, mit plumpen Beleidigungen beim Gegenüber Hass auszulösen. Wobei diese Strategie oft nicht aufgeht, weil die Provokation leicht durchschaubar ist. Auch sind so allgemeine Attacken mitunter weniger verletzend als ein gezielter, auf die Person zugeschnittener Untergriff.[37]

Die Bandbreite des Trollens ist groß: Es reicht von skurrilen, aber harmlosen Provokationen bis hin zu äußerst verletzendem Mobbing. Mir war es lange Zeit ein Rätsel, was Trolle antreibt: Warum verbringt jemand Stunden seines Lebens damit, andere Menschen in absurde und ergebnislose Diskussionen zu locken oder ihnen gar Leid zuzufügen? Welchen Mehrwert schöpfen Trolle aus dieser Tätigkeit, die nichts außer verbrannter Erde zurücklässt? Ich habe zwei Antworten auf diese Frage – die eine kommt aus dem Netzjargon, die andere aus der Wissenschaft.

Viele kennen diese drei Buchstaben: LOL. Wenn Internetuser etwas lustig finden, schreiben sie dies als Abkürzung für „Laughing out loud" (auf Deutsch: Ich lache laut auf). Das berühmte LOL hat aber einen kleinen, gehässigen Bruder – er heißt „LULZ" und ist genau genommen eine sprachliche Abwandlung von „LOL". Wenn gehässige Internetuser gefragt werden, warum sie online anderen einen Schaden zufügen, sagen sie häufig: „I did it for the LULZ." Sie taten es, um sich zu amüsieren. Dieser Satz ist mittlerweile auch ein Meme, der auf etlichen Fotos vorkommt. Ein Bild zeigt beispielsweise Adolf Hitler, darunter der Satz: „He did it for the LULZ." Ein anderes Bild zeigt Anders Behring Breivik, den norwegischen rechten Terroristen, der im Sommer 2011 77 Menschen tötete – die meisten davon junge Mitglieder der sozialdemokratischen Partei. Auch er, so zeigt ein Foto mit Bildunterschrift, tat es für die „LULZ". Diese anstößige Text-Bild-Schere ist typischer Trollhumor: Man sieht einen Massenmörder wie Breivik und daneben den absurden Satz, dass es der Person um „LULZ" ginge. Sowohl Freude an der Provokation als auch Schadenfreude schwingt in diesem Begriff mit.

Nicht nur die Internetsprache liefert Einblicke in die Denkweise der Trolle. Auch die Wissenschaft hat hierfür interessante Erklärungen. In der Psychologie gibt es den Begriff der „dunklen Tetrade". Das sind vier negative menschliche Eigenschaften: Sadismus, Narzissmus, Psychopathie und Machiavellismus. Als Machiavellismus bezeichnet man es, wenn jemand rücksichtslos seine persönlichen Interessen verfolgt und allgemeine Moralvorstellungen lächerlich findet. Diese vier dunklen Charakterzüge eint, dass sie oft in Kombination miteinander auftreten und es den davon Betroffenen an Empathie mangelt.

Der Psychologe Delroy Paulhus ist ein renommierter Wissenschaftler auf diesem Gebiet. An der University of British Columbia in Vancouver untersucht er sogenannte „dunkle Persönlichkeiten". Mit zwei Kollegen brachte er 2014 eine vielzitierte Studie namens „Trolls just want to have fun" heraus. Die Forscher untersuchten, inwieweit Trolle zu Sadismus, Narzissmus, Machiavellismus oder zu psychopathischen Tendenzen neigen. Mit zwei unterschiedlichen Fragebögen wurden insgesamt 1215 Nordamerikaner über ihr Online-Verhalten interviewt.

Die Studienteilnehmer mussten einerseits einen Persönlichkeitstest ausfüllen. Bei diesem stuften sie ihre Zustimmung zu verschiedenen Aussagen ein, etwa dem Satz: „Es ist aufregend, Menschen zu verletzen." Oder: „Es ist nicht klug, seine Geheimnisse zu erzählen." Die Studienteilnehmer wurden dann auch auf ihre Neigung zum Trollen hin getestet: In der ersten Studie wurde direkt gefragt, ob sie gerne im Internet andere trollen. Der zweite Studien-Fragebogen ging etwas differenzierter vor: In diesem wurden Verhalten und Einstellungen abgefragt, die auf eine Troll-Mentalität hinweisen. Zum Beispiel wollten die Forscher wissen, ob man anderen Menschen in Videospielen schon absichtlich Leid zugefügt hat (also das bereits erwähnte „Griefing" betrieb). Zum anderen wurde die Zustimmung zu Ideen getestet, die unter Trollen weit verbreitet sind – zum Beispiel lautet ein Mantra unter Trollen: „Je schöner und echter eine Sache ist, desto befriedigender ist es, sie zu korrumpieren." Von „stimme voll zu" bis „stimme gar nicht zu" konnten die Teilnehmer solche Aussagen bewerten.

Die Ergebnisse der kanadischen Forscher sind beeindruckend. Beim ersten Fragebogen gaben 5,6 Prozent der User an, dass sie gerne andere trollen – das ist immerhin einer von 20. Unter den identifizierten Trollen fanden sich deutlich mehr Männer. Der wesentlichste Aspekt: Die Trolle wiesen eine Affinität zur dunklen Tetrade auf. „Wobei der mit Abstand stärkste Grund für Trollen Sadismus ist. Sadistische Persönlichkeiten erfreut es, wenn sie anderen Schmerz zufügen", erklärte mir Delroy Paulhus. Aus diesem Grund heißt diese Studie eben „Trolls just want to have fun".

Die Studie besagt nicht, dass alle Trolle unbedingt Sadisten sind, aber sie weisen überdurchschnittlich oft sadistische Neigungen auf. Auch wäre es falsch anzunehmen, dass das Internet die Ursache für ihren Sadismus ist. „Das Internet bietet sich als Vehikel für diese Personen an, ihre sadistischen Impulse auch auszuleben. Auch vor dem Internet-Zeitalter gab es gewiss Sadisten: Nur haben sie womöglich davor zurückgeschreckt, das auch zu zeigen – aus Angst vor Konsequenzen", sagt Paulhus. Meiner Ansicht nach ist genau diese Tatsache ein tragischer Aspekt am Internet: Dass dieses Tool, das ein wunderbares Potenzial zum menschlichen Austausch bietet, derzeit ausgerechnet von jenen missbraucht wird, die andere für ihre Belustigung drangsalieren.

Das Problem an der Debatte über die Diskussionskultur im Internet ist, dass rüpelhaftes Verhalten häufig verharmlost oder sogar als Bereicherung dargestellt wird. Ein Beispiel hierfür liefert das „Handbuch für den Forentroll" des deutschen Autors Alexander Glück. Dieser findet, dass der Troll in Online-Diskussionsforen ein „zu Unrecht geschmähtes Wesen" sei: „Sein Ansehen ist traditionell schlecht, dabei erfüllt er sehr wichtige Aufgaben innerhalb der Gruppe. Wie bereits angedeutet, kann er sich aus der Deckung der Anonymität heraus weitreichende Schäbigkeiten leisten, mit denen sie (sic!) die friedvolle Diskussionskultur in Internetforen stören und die Wahrheitsfindung sabotieren läßt. Er treibt müßige und ergebnislose oder substantiell einseitige Diskussionen auf die Spitze, setzt der muffigen Administratorenbiederkeit die Buntheit echten Lebens entgegen und beschleunigt mit seiner auf Eskalation angelegten Vorgehensweise die Selbstreinigungseffekte im Internet. Sein Wirken kann durchaus mit dem eines Abführmittels vergleichen werden. (…) Weil Forentrolle den Hauptgrund dafür liefern, daß sich in Internetforen Verhaltensregeln entwickeln, ist ihnen auch die Weiterentwicklung und Verbesserung des Kommunikationsstils in diesen Foren zu verdanken. Forentrolle sind also ein wichtiger und konstruktiver Teil der Internet-Realität."[38]

Pure Verharmlosung. Der Autor nimmt die Haltung ein, es sei gut, dass Trolle Internetdiskussionen zur Eskalation bringen – und beschreibt dies als „Buntheit des echten Lebens". Doch diese Formulierung ist irreführend. Zum einen hat Aggression nichts mit „Buntheit" zu tun – im Gegenteil, das führt eher zu einer getrübten Diskussionskultur. Zum anderen ist diese Vorstellung des „echten

Lebens" eigenwillig – denn welches „echte Leben" meint er? Außerhalb des Internets ist es beispielsweise überhaupt nicht so, dass unnötiges Provozieren und Aufwiegeln akzeptiert würden. Zum Schluss behauptet der Autor dann noch, dass wir Trollen sogar etwas zu verdanken haben – denn nur dank ihnen gibt es auf vielen Webseiten überaus klare Verhaltensregeln, was erlaubt ist und was nicht. Nach dieser Logik könnten wir ebenso Einbrechern dankbar sein, da es als Folge auf deren Verhalten nun auch strengere Gesetze gegen Einbrüche gibt.

Sie bemerken wahrscheinlich: Mich ärgern solche beschönigenden Behauptungen wie der Autor sie hier postuliert: Weil dabei Opfer und Täter miteinander verwechselt werden. Nicht Trolle sind demnach das Problem, sondern „biedere Administratoren", die ein rüpelhaftes Klima vermeiden wollen. Opfer hingegen sind diejenigen, die „Schäbigkeiten" verbreiten – denn diese Schäbigkeiten hätten angeblich reinigende Wirkung wie ein „Abführmittel". Gemäß einer derartigen Argumentation könnten Sie bei Ihrem nächsten Treffen mit Freunden und Bekannten diese auch aufs Gröbste beleidigen und ihnen dann erklären, sie sollen sich jetzt nicht so dermaßen „bieder" aufführen und sich unnötig empören – denn Sie würden die Debatte ja bloß mit solchen Schimpfworten auffrischen. Eine absurde Logik. Beleidigungen sind keine Bereicherung. Sie sind ein Zeichen, dass man sein Gegenüber nicht genügend respektiert.

Im Web heißt es häufig: „Don't feed the troll." Füttere keine Trolle. Man soll demnach möglichst gar nicht auf Wortmeldungen von solchen Provokateuren reagieren, nicht einmal ihre Kommentare löschen – denn bereits das zeigt ihnen, dass sie einen Nerv getroffen haben. Tatsächlich ist dies eine mögliche Strategie gegen Trolle. Denn sie messen ihren Erfolg daran, wie viele Menschen sie mit ihrer Äußerung in Aufruhr versetzen. Nimmt keiner im Kommentarbereich Anstoß daran, gibt es auch keine „LULZ", also auch keine Schadenfreude. Wenn Trolle kein emotionales Feedback erhalten, ziehen sie meist rasch weiter und suchen sich ein nächstes leichteres Opfer.

Und exakt aus diesem Grund ist die „Trolle nicht füttern"-Strategie nur begrenzt wirksam. Zum einen ist das Internet zu groß und divers dafür. Da es unzählig viele Diskussionsräume im Web gibt, wird ein ambitionierter Troll garantiert irgendwo ein gutgläubiges Opfer finden. Zum anderen gibt es Aussagen und Aktionen, die so verletzend sind, dass es falsch wäre, sie gänzlich zu ignorieren. Mitchell Henderson ist zum Beispiel nicht der einzige Jugendliche, über dessen Tod sich Trolle lustig gemacht haben. Für manche sadistischen Nutzer ist es regelrecht ein Sport, die Kondolenzseiten von Teenagern aufzusuchen und dort Gehässigkeiten über die Verstorbenen zu verbreiten.

Es gibt aber noch ein stärkeres Argument gegen die „Don't feed the troll"-Methode: Hier werden manipulative und aggressive Internetnutzer schlimmstenfalls mit Schweigen sanktioniert. Ignoranz bedeutet schließlich, etwas zwar wahrzunehmen, aber bewusst wegzuschauen oder totzuschweigen. Gerade bei krassen Formen des Trollens ist Schweigen zu wenig – zu konsequenzlos. Bei besonders verletzenden Beispielen empfiehlt sich sogar die Anzeige, um eine klare Linie zwischen zulässigem und unzulässigem Verhalten zu ziehen. In den vergangenen Jahren kam es dementsprechend auch verstärkt zu Gerichtsverfahren in solchen Fällen.

Eines der extremsten Beispiele hierfür stammt aus Großbritannien: Reece E., ein 24-jähriger Mann aus dem Nordosten Englands, hatte auf Facebook-Kondolenzseiten amerikanischer Teenager auffallend verletzende Äußerungen gemacht und dann auch noch mit extremer Gewalt gedroht. In seinen Kommentaren kündigte er an, er werde mindestens 200 Schüler töten und dann sich selbst. Einem Mädchen, das antwortete, schrieb er: „Du wurdest auserwählt und morgen wirst du in der Schule eine meiner Kugeln erhalten." Die Postings erzielten große Wirkung: Am nächsten Tag gingen 3000 amerikanische Kinder und Jugendliche aus Angst vor einem Amoklauf nicht in die Schule. Gegenüber der Polizei erklärte Reece E. sein Verhalten damit, dass er ein „Teilzeit-Troll" sei und testen habe wollen, welche Reaktionen solche hasserfüllten Kommentare auslösen würden. Auch habe er nicht gedacht, behauptete er zumindest, dass seine Drohungen solche Konsequenzen nach sich ziehen. Aber auch wenn der Brite, wie er angibt, nur provozieren wollte, ist es natürlich nicht erlaubt, solche Drohungen zu machen und tausende Menschen in Angst zu versetzen. Der zuständige Richter nannte die Kommentare von Reece E. eine „zügellose Gehässigkeit" und verurteilte ihn zu einer Haftstrafe von 28 Monaten. Wohlgemerkt war der Mann schon mehrfach vorbestraft.[39][40]

Das ist, wie gesagt, ein Extremfall. Ab wann sich Betroffene von hartnäckigen Trollen oder anderen verbalen Attacken an die Polizei wenden können, erkläre ich ausführlicher in Kapitel 10. „Don't feed the troll" ist manchmal durchaus der richtige Weg, aber bei Weitem nicht die einzige Antwort, die uns zu Trollen einfällt.

Haben Trolle auch etwas mit der politisch erhitzten Diskussion zu tun, aktuell etwa rund um Flüchtlinge? Wenig. Denn Trollen geht es nicht um ein inhaltliches Anliegen, sondern um die eigene Belustigung: Sie belächeln eher jene, die an so etwas wie Moral glauben und sich dementsprechend auch in Wut versetzen lassen, wenn jemand gegen diese Moralvorstellung verstößt. Ganz anders sind die digitalen Glaubenskrieger, sie versuchen die Deutungshoheit rund um einzelne Themen im Internet zu gewinnen – und zwar mit einer brutalen und hasserfüllten Rhetorik. In der Flüchtlingsdebatte wird dies ganz besonders sichtbar.

Die Glaubenskrieger

Gehen wir noch einmal zurück zur Frage: Was führt zu all dem Hass im Internet? Einen Teil der Antwort habe ich bereits geliefert. Die „Online-Enthemmung" und Faktoren wie die Unsichtbarkeit sind wesentliche Gründe dafür, warum Menschen im Netz oft unempathisch agieren, warum sie Dinge äußern, die sie nie jemandem ins Gesicht sagen würden. Hinzu kommen auch technische Faktoren. Rüpel haben es im Web leider zu einfach; die Architektur vieler Webseiten kommt ihnen dabei noch gelegen und entgegen.

Ein simples Beispiel: Viele Foren sind nach wie vor chronologisch gereiht. Das heißt, der neueste Kommentar erscheint ganz oben. Doch das wird oft bewusst von Menschen ausgenützt, die einfach lauthals ihre Meinung verkünden wollen und gar nicht am Diskutieren interessiert sind. Wer hundert Mal einen Zeitungsartikel kommentiert, ist hundert Mal im Forum an erster Stelle sichtbar. Wer aber nur einen Leserbeitrag verfasst, taucht nur einmal an erster

Stelle prominent auf. Ist das ein faires Verhältnis? Ist die Meinung desjenigen, der alle anderen niedertextet, wirklich um so vieles wichtiger? Ich bezweifle das.

Wir können im Internet beobachten, wie manche Menschen extrem mitteilungsfreudig werden – mitunter sind das Getriebene. Das erste Mal hatte ich mit einem solchen User im Jahr 2012 Kontakt. Wie schon erwähnt, traf ich damals „Kampfposter", also Menschen, die extrem viele Wortmeldungen in Zeitungsforen hinterließen. Gerade die aufdringlichsten und rücksichtslosesten User wollten nicht mit mir sprechen. Ein besonders penibler User antwortete allerdings. Er nannte sich „Santa fe" und hatte bereits mehr als 7000 Kommentare im „Standard" hinterlassen. Stets drehten sich seine Wortmeldungen um ein einziges Thema – ein „BEDINGUNGSLOSES GRUNDEINKOMMEN für alle", das „Santa fe" tausende Male im Forum eingefordert hatte. Der User war dort berüchtigt, denn egal, um welches Thema es ging, „Santa fe" meldete sich zu Wort. Als in den USA bei einem friedlichen Studentenprotest Pfefferspray zum Einsatz kam, forderte „Santa fe" unter dem Artikel ein „BEDINGUNGSLOSES GRUNDEINKOMMEN". Als der arabische Frühling ausbrach, plädierte „Santa fe" für ein „BEDINGUNGSLOSES GRUNDEINKOMMEN". Sogar unter Artikeln im Sportressort wollte er auf dieses Thema hinweisen. Schließlich wurde der Leser von der Zeitung gesperrt.

Im Internet bezeichnet man es als „off topic", wenn ein Kommentar plötzlich ein ganz anderes Thema anspricht. „Off topic"-Kommentare sind ein Problem in vielen Zeitungsforen: Denn manche User versuchen dauernd, Diskussionen auf ihr Lieblingsthema zu lenken – egal, worum es eigentlich geht. „Santa fe" war der Inbegriff eines „off topic"-Users. Ich bat ihn um ein Interview, er stimmte nur einem Austausch via Webcam zu, schrieb via E-Mail: „Ein physisches meeting ist (...) zu meinem eigenen bedauern ein no-go für mich." Vor der Webcam saß dann ein weißhaariger Mann jenseits der 60, der gerne weit ausholte und auch in diesem Gespräch viel über die „Diktatur der Finanzindustrie" erzählte. Als ich ihn auf sein aufdringliches Verhalten im Zeitungsforum ansprach, verstand er meinen Einwand auch im Grunde. „Ich bin ein Kampfposter für das bedingungslose Grundeinkommen", gab er zu. Ihm war also durchaus bewusst, dass dieses „off topic"-Verhalten als unhöflich gilt – aber das nahm er in Kauf, weil ihm sein Anliegen so wichtig war. In meinem Artikel schrieb ich damals: „Im Chat merkt man, dieser Mann ist ein Getriebener und von einem einzigen Thema besessen."[41] „Santa fe" ist mit Sicherheit nicht der einzige Getriebene, er ist sogar ein ziemlich harmloser Fall.

Wirklich beunruhigend wird solch mitteilungsbedürftiges, solch aufdringliches Verhalten, wenn es genutzt wird, um Hass zu säen. Das können wir aktuell auf vielen Webseiten beobachten: Da wird in einer Tour gegen Minderheiten, speziell Flüchtlinge gehetzt. Bei vielen Bürgern scheint die Empathie komplett auszusetzen, auch für Argumente scheinen sie nicht mehr zugänglich zu sein. Ich spreche hier nicht von verunsicherten oder einfach zweifelnden Menschen, sondern von jenen, die gezielt diese Stimmung anheizen, sogar lügen, die glauben, sie befinden sich in einem Krieg gegen Andersdenkende.

Ich nenne diese Menschen „Glaubenskrieger": Sie zeichnet aus, dass sie restlos überzeugt sind von einer Idee und keinen Widerspruch mehr dulden, dass sie aggressiv und herabwürdigend gegen alle vorgehen, die eine andere Sichtweise einnehmen. Mit all denen wollen sie nicht diskutieren, die wollen sie einfach nur wegmobben. Es ist durchaus kein Zufall, dass ich bei solchen besonders überzeugten, aggressiven Internetnutzern von Glaubenskriegern spreche. Diese martialische Sprache wird von ihnen selbst angewendet: Einige Facebook-Kommentatoren warnen bereits vor einem „Bürgerkrieg", der angeblich zwischen ihnen und anderen Bevölkerungsgruppen bald bevorstünde. Das muss man sich einmal durch den Kopf gehen lassen: Diese User denken bereits an ein Szenario, in dem sie andere Bürger erschießen müssen. Das ist beunruhigend, gleichzeitig ist es aber eindeutig auch Panikmache. Die Glaubenskrieger sehnen eine Konfrontation regelrecht herbei.

Zweitens brachten mich die sogenannten „Informationskrieger" auf diesen Begriff. Das sind rechte Verschwörungstheoretiker, die an einen „Informationskrieg" glauben, bei dem die Bevölkerung von den Eliten gezielt belogen wird. Diese Vorstellung (auf Englisch: „information war") hat der amerikanische „Talk Radio"-Moderator Alex Jones geprägt, er betreibt auch die gleichnamige Webseite infowars.com und ist einer der berühmtesten Verschwörungstheoretiker in den USA. Jones steht rechts außen – wobei er dies abstreitet, wie dies viele rechte Akteure im Netz tun. Er behauptet, Begriffe wie „rechts" oder „links" seien für ihn nicht relevant. Ganz so scheint das aber nicht zu stimmen: Permanent schimpft Jones nämlich gegen die Linksliberalen in den USA und in Europa, wirft ihnen vor, verblendet zu sein und das eigene

Volk zu verraten. In seiner Sendung sagt er Anfang 2016 beispielsweise: „Die Linke lehrt in der Schule Selbstverachtung, Selbsthass, die ganze Identität baut darauf auf, sich zu hassen. Und wenn ein Mann eine Frau vergewaltigt oder ersticht, dann ist das eine wunderschöne Sache, weil es war eine deutsche oder französische Frau, die erstochen wurde, die verdient das." Etwas später erklärte er noch: „Für viele liberale Frauen, wie ihr wisst, ist es der neueste Trend, sich einen Dschihadisten zu nehmen. (…) Es gibt nichts, das sexyer ist, als ein Jihadist, weil es so lustig ist, wenn er dir auf den Kopf steigt oder dir in den Magen tritt. Jedoch: Ein Mann, der dich gut behandelt und Jesus liebt, der ist böse. Aber wenn er dich in die Zähne tritt und auf dir herumtrampelt, dann ist das liberal, dann ist das trendy, du rauchst eine Wasserpfeife mit ihm und das ist lustig."[42]

Rhetorische Verletzungen wie diese sind die Spezialität von Alex Jones. Mit solchen Untergriffen, wonach beispielsweise linksliberale Frauen misshandelt werden wollen, wurde er „berühmt". Mehr als eine Million Menschen haben seine Seite auf Facebook geliked. Sein Medium infowars.com hat dort weitere 380.000 Fans. Anlehnend an den englischen Begriff des „info warriors" gibt es mittlerweile auch im deutschsprachigen Raum Verschwörungstheoretiker, die sich selbst als „Infokrieger" bezeichnen. Sie schreiben online Sätze wie: „Ja, wir sind in einem Krieg. Er läuft zwischen denen ab die uns den ganzen Tag manipulieren und belügen und denen welche die Wahrheit suchen, verbreiten und damit eine bessere Gesellschaft wollen."[43] Und sie glauben an Verschwörungen wie: „Die globale Elite findet, es gibt zu viele Menschen auf der Erde und die Menschheit ist ihrer

Meinung nach ein schädlicher Virus der aus Gründen des Umweltschutzes ausgerottet werden muss."[44]

Diese selbsternannten „Infokrieger" machten in ihrer Rhetorik eines deutlich: Tatsächlich befinden sich manche Gruppierungen im Internet auf einer Art Kreuzzug – sei es gegen Flüchtlinge oder gegen die vermeintliche Impflobby. Was echte Glaubenskrieger auszeichnet, ist dabei nicht einfach nur ihr nahezu religiöser Eifer für ein Thema, sondern auch die Bereitschaft zur verbalen Attacke.

Ein Glaubenskrieger ist von seiner Sache so überzeugt, dass er es nicht mehr für notwendig erachtet Andersdenkende noch mit Respekt zu behandeln. Neben den Trollen sind Glaubenskrieger somit eine der problematischsten Gruppen im Internet. Sie heizen die Stimmung gezielt an, weil sie polarisieren wollen – sie möchten eine Konfrontation herbeischreiben. Vier Faktoren zeichnen dabei diese radikalen Gruppierungen aus:

- Unbeirrbare Überzeugung: Anders als der Troll agiert der Glaubenskrieger nicht aus Jux und Tollerei. Glaubenskrieger beanspruchen für sich, die „Wahrheit" zu kennen. Ihnen ist es dementsprechend ernst und sie sehen es nahezu als Pflicht, diese „Wahrheit" möglichst laut weiterzuverbreiten.
- Heldenmythos: Glaubenskrieger denken, sie sind besser informiert als andere Menschen. Sie glauben, dass sie eine wichtige Information verstanden haben, die der Großteil der Bevölkerung noch nicht so recht einsehen will. Häufig geht es hier um eine Bedrohung, mitunter gar um ein Komplott, das die Eliten mittragen oder zumindest schönreden. Glaubenskrieger gehen

in Fundamentalopposition zum Rest der Gesellschaft. Hier wird ein „Wir gegen die"-Szenario entworfen, bei dem eine heldenhafte Gruppe gegen die verblendete Masse ankämpft.

- Abschottung: Für Fakten oder Argumente, die ihrem Weltbild widersprechen, sind Glaubenskrieger nicht zugänglich. Im Gegenteil: Je stichhaltiger ein ihnen unliebsames Argument untermauert ist, desto mehr fühlen sie sich davon bestätigt. Sie deuten dies als Beleg, wie weit die vermeintliche Verschwörung bereits vorangeschritten ist. Kommen sie argumentativ gegen einen Gesprächspartner nicht an, werfen sie ihm kurzerhand vor, zu lügen oder verblendet zu sein. Sie selbst fallen mit einem unseriösen Umgang von Fakten auf, berufen sich häufig auf Quellen, die keine hohen Qualitätsansprüche haben und die in vielen Fällen aus derselben Szene wie sie selbst stammen. Manchen Glaubenskriegern scheint auch der gezielte Einsatz von Lügen ein adäquates Mittel, um ihren Standpunkt zu untermauern und auf die vermeintliche Bedrohung hinzuweisen.

- Aggressive Tonalität: Glaubenskrieger zeichnen sich durch wenig Empathie gegenüber Andersdenkenden aus. Diese Aggression erfüllt zwei Aufgaben: Zum einen stärkt es den Zusammenhalt. Wissenschaftler nennen das die „Eigengruppe", die sich von der „Fremdgruppe" abgrenzt. Ein gemeinsamer Feind vereint. Zum anderen sollen Andersdenkende gezielt verunglimpft und übertönt werden. Die ständigen Beleidigungen oder Provokationen führen mitunter dazu, dass sie sich selbst im Ton vergreifen (was in den Augen der Glaubenskrieger dann beweist, dass sie das wahre Opfer der entsprechenden Debatte sind). Oder aber die Beleidigungen bewirken, dass sich sachlichere Stimmen aus der Diskussion zurückziehen – hier wird bewusst versucht, Andersdenkende so lange zu frustrieren, bis sie gar nicht mehr das Wort ergreifen wollen.

Sämtliche Hassgruppen lassen sich als Glaubenskrieger einordnen, ebenso radikale Verschwörungstheoretiker. Glaubenskrieger sind nicht immer dezidiert links oder rechts, wobei diese Bewegungen für populistische Parteien eine interessante und leicht erreichbare Wählergruppe darstellen. Sie sind von den vermeintlichen „Berufspolitikern" frustriert und misstrauen etablierten Medien, dementsprechend empfänglich sind sie auch für Akteure, die gegen das angebliche Establishment ankämpfen. Gerade die „Lügenpresse"-Rhetorik, die rechtspopulistische Parteien in Deutschland und Österreich stark mitprägen, scheint bei etlichen Glaubenskriegern auf Anklang zu stoßen – und zwar nicht nur bei jenen, die eindeutig der rechten Szene entspringen. Hier nun drei Beispiele, die zeigen sollen, welch unterschiedliche Ziele Glaubenskrieger verfolgen können und wie ähnlich ihr Vorgehen ist.

Beispiel 1: Islamfeindliche Glaubenskrieger
Das rechte Blog „Politically Incorrect" („PI") ist eine der bekanntesten Anlaufstellen im deutschsprachigen Web für Menschen, die den Islam radikal ablehnen. Sie schreiben über sich selbst: „Die politische Korrektheit und das Gutmenschentum dominieren heute überall die Medien. Offiziell findet diese Zensur natürlich nicht statt, dennoch wird über viele Themen, selbst wenn sie von höchster Bedeutung für uns und unser Land sind, nur völlig unzureichend oder

sogar verfälschend ‚informiert.' (…) Es gab einmal eine Zeit, da waren Moslems in Europa eine interessante Farbe und vielleicht auch eine kulturelle Bereicherung. Inzwischen hat sich jedoch in ganz Europa eine islamische Indoktrination und freche Anmaßung breitgemacht. (…) Wir stellen uns gegen diese Islamisierung Deutschlands und den damit einhergehenden Verlust unserer durch das Grundgesetz gesicherten Grundrechte. Als Blogger sehen wir uns in der Pflicht, die schleichende Islamisierung dadurch zu verhindern, dass wir von den Mainstream-Medien unterdrückte Informationen über den realexistierenden Islam in Deutschland und auf der ganzen Welt verbreiten. Wir tun dies auch deshalb so nachdrücklich auf ‚PI', weil wir fürchten, dass uns nicht mehr allzuviel Zeit dafür bleibt. Wir alle sehen Tag für Tag, wie mit dem Machtzuwachs islamischer Interessensgruppen und deren westlicher Gehilfen bereits jetzt schrittweise Einschränkungen zugunsten eines pro-islamischen Umbaus unserer Gesellschaft einhergehen."[45]

„Politically Incorrect" ist eine typische Glaubenskrieger-Seite:
- Das Blog vertritt eine unbeirrbare Überzeugung. Formulierungen wie die „islamische Indoktrination" lassen wenig Interpretationsraum offen.
- Ein Heldenmythos wird hier entworfen: Die Blogger behaupten, es bliebe „nicht mehr allzuviel Zeit", bis anscheinend etwas ganz Furchtbares eintritt. Sie sehen sich sogar „in der Pflicht", „auf der ganzen Welt" ihre Ansichten zu verbreiten.
- Das Blog legt den Lesern eine Abschottung nahe: Andersdenkende werden als „Gutmenschen" bezeichnet und angeblich „verfälschend" informiert. Den

„Mainstream-Medien" darf demnach gar kein Glaube geschenkt werden, sie sind „Gehilfen" einer Verschwörung gegen das eigene Volk.
- Der Text weist eine aggressive Tonalität auf: Selbst der eine Satz, der ein bisschen wie ein Kompliment klingt, ist genau betrachtet eine rassistische Beleidigung: Moslems waren angeblich einmal eine „interessante Farbe", heißt es, und „vielleicht" auch einst „eine kulturelle Bereicherung". Hier werden Muslime entmenschlicht und anhand einer Hautfarbe charakterisiert, ihnen wird noch dazu abgesprochen, gegenwärtig eine kulturelle Bereicherung sein zu können.

Beispiel 2: Antifeministische Glaubenskrieger
Eine weitere, sehr aktive Gruppe im Internet sind die Antifeministen. Sie sind der Ansicht, dass Männer die wahren Opfer in der Gesellschaft seien. Sie orten bereits eine Diktatur des Feminismus, in der Frauen in Politik, Medien und Justiz bereits das Sagen hätten – sie sprechen hier von „Feminazis". Männer, die sich selbst als Feministen bezeichnen oder sich für die Gleichstellung von Frauen und Männern aussprechen, werden von ihnen herabwürdigend als Tiere bezeichnet, als sogenannte „lila Pudel". Antifeministen kommentieren häufig in Zeitungsforen und auf sozialen Medien. Auf Webseiten wie wgvdl.com vernetzen sie sich. WGVDL ist eine Abkürzung für „Wie viel Gleichberechtigung verträgt das Land". Hier ein Zitat von der Startseite:
„Tag für Tag prasselt es aus den Medien auf uns hernieder – obwohl Frauen alles viel besser könnten als Männer, lässt man sie einfach nicht. Zudem würden Frauen schamlos ausgebeutet. Das ist aber keine Aufklärung, sondern pure

Hetze, die das Zusammenleben der Menschen beschädigt. Ursache ist Gedankenlosigkeit und wie so oft das liebe Geld. Denn hier gibt es Posten und Fördermittel zu verteilen. Mit ein bisschen Nachdenken entlarvt man die mediale und politische Hetze. Wenn Frauen wirklich so stark wären und alles besser können als Männer, dann bräuchten sie nicht für jede kleine Anstrengung Hilfen und Förderungen wie schwer behinderte Menschen."[46]

Der Autor vertritt die unbeirrbare Überzeugung, dass von Medien ein zu freundliches Bild von Frauen gezeichnet würde. Er ist schon deutlich weniger freundlich: vergleicht Frauen mit Schwerbehinderten. Auch ein möglicher Held kommt zwischen den Zeilen zum Vorschein: „Mit ein bisschen Nachdenken" werden Männer all dies durchschauen. Von den etablierten Medien hingegen kann man sich „keine Aufklärung", sondern nur „pure Hetze" erwarten. Im Umkehrschluss heißt dies auch: Denen sollte man gar nichts glauben, sondern sich lieber mental abschotten. Dem Text fehlt es an jeglicher Empathie gegenüber Frauen. So behauptet der Autor, dass das Streben nach Gleichberechtigung „das Zusammenleben der Menschen beschädigt". Wer Gleichstellung fordert, macht demnach das einst so schöne Zusammenleben kaputt (dass für Frauen weniger Bezahlung oder berufliche Chancen nicht so schön sind, blendet er komplett aus). In letzter Konsequenz bedeutet all das: Frauen sollen endlich aufhören, gleich viel Respekt und gleich viele Chancen wie Männer einzufordern.

Beispiel 3: Impfgegner als Glaubenskrieger
Nicht nur um politische Themen werden Glaubenskriege geführt, auch um etliche Verschwörungstheorien. Eine der

sichtbarsten Gruppen sind die Impfgegner, die ausblenden oder abstreiten, was eine wissenschaftliche Studie nach der anderen aufzeigt: Es ist ungeheuer wichtig, dass möglichst viele Menschen ihren Nachwuchs impfen lassen, damit sich Krankheiten wie Masern nicht stark verbreiten und keine Todesopfer fordern. In Berlin ist beispielsweise im Jahr 2015 ein Kleinkind an Masern gestorben. Es war nicht dagegen geimpft.[47]

Die Glaubenskrieger sehen dies vehement anders. Auf der Seite impfen-nein-danke.de liest man beispielsweise: „Jede Impfung ist eine schwere Menschenrechtsverletzung. Impfungen beruhen seit 200 Jahren auf nachgewiesenem Betrug (Pasteur), der sich bis zur heutigen Zeit fortsetzt (alle Fotos von angeblichen krankmachenden Viren sind gefälscht!). Krankheiten haben keine materiellen Ursachen. Man kann sie nicht besiegen, indem man die Krankheit von außen in den Körper einbringt. Es gibt auch kein Immunisierungstraining. Gerade bei denjenigen Impflingen brechen verstärkt jene Krankheiten aus, gegen die sie angeblich schützen soll (Spanische Grippe 1918, ‚Golfkriegs-Syndrom‘, Masern). Auch bei vermeintlich ‚nebenwirkungsfreien‘ Impfungen gibt es Schäden: Nervosität, Charakterschwäche, Willensschwäche. Viele direkte Impffolgen wie ADHS, plötzlicher Kindstod, Herzschäden, Epilepsie, Tod werden von unwissenden Eltern und Ärzten nicht in Zusammenhang gebracht."[48]

Auch diese Passage vertritt eine unbeirrbare Überzeugung. Sogar von einem riesigen Komplott ist die Rede, sämtliche Fotos von krankmachenden Viren seien angeblich gefälscht. Wer gegen das Impfen auftritt, rettet gar Leben (ein Heldenmythos). Die Abschottung wird als lebensnotwendig erklärt, denn wer sich impfen lässt, wird umso eher krank, wenn nicht sogar charakter- und willensschwach.

In diesen Zeilen wird eine Taktik sichtbar, die Glaubenskrieger gerne anwenden: In nur wenigen Sätzen werden extrem viele Behauptungen aufgestellt. Dies soll den Eindruck vermitteln, dass sich der Verfasser dieser Zeilen extrem gut auskennt – selbst wenn dem nicht so ist. In vielen Diskussionen ist diese Zulaber-Taktik ungeheuer ärgerlich: So schnell Glaubenskrieger etwas erfinden können, kann die andere Person die Richtigkeit dieser Aussagen nicht recherchieren und notfalls widerlegen. Dabei stimmen bei solchen Aufzählungen von Glaubenskriegern die vermeintlichen „Fakten" oft gar nicht oder wurden total verdreht. Ein Beispiel: Im Text wird erklärt, dass sich das Impfwesen „seit 200 Jahren auf nachgewiesenem Betrug (Pasteur)" beruft. Was ist da dran? Es stimmt, dass der französische Naturwissenschaftler Louis Pasteur einer der Erfinder des medizinischen Impfens ist – ihm gelang beispielsweise die erste Schutzimpfung gegen Milzbrand. Und es stimmt auch, dass Pasteur aus heutiger Sicht ein skrupelloser Wissenschaftler war. Er fälschte seine eigenen Rohdaten beispielsweise, damit diese noch mehr den erwünschten Ergebnissen entsprachen, er klaute auch die Idee eines anderen Wissenschaftlers. Derartig unethisches Vorgehen wies der Historiker Gerald L. Geison von der Princeton University nach. Die Impfgegner leiten nun aber daraus ab, dass Impfen seit jeher ein Betrug ist. Das ist eine unzulässige Interpretation der Geschichte: Louis Pasteur schlug unethische Abkürzungen ein, nichtsdestotrotz war seine Arbeit bahnbrechend für die Medizin. Oder wie es der Historiker Geison in der „Washington Post" sagte, der Pasteurs Schwindel selbst aufgedeckt hatte: „Er war gewiss nicht bescheiden, selbstlos, ethisch unanfechtbar … ganz im Gegenteil." Aber: „Er verdient auf jeden Fall die Anerkennung als einer der großartigsten Wissenschaftler, die je lebten."[49]

Glaubenskrieger differenzieren nicht, sie rütteln nicht an ihrer eigenen „Wahrheit". Jede neue Information wird von ihnen so eingeordnet oder uminterpretiert, dass bloß nie ein Zweifel an ihrem Weltbild aufkommt. Dies macht es auch so schwierig, mit ihnen zu diskutieren. Allerdings führt dies zu einer weiteren wichtigen Frage: Ist nicht jeder von uns manchmal ein Glaubenskrieger?

Wir Menschen sind nicht so neutral und vernunftgetrieben, wie wir uns das gerne einreden. Jeder und jede von uns ist mitunter nicht ganz ehrlich mit sich selbst, wenn es um das Einordnen neuer Information geht. Dies lässt sich mit Erkenntnissen aus der Psychologie erklären: Zum einen suchen Menschen eher Informationen, die mit ihren bereits bestehenden Ansichten übereinstimmen – eine selektive Zuwendung, im Englischen „Selective Exposure". Wenn sie dann die gefundene Information aufnehmen, tendieren sie dazu, jene Aussagen zu akzeptieren, die ihre Weltsicht bestätigen. Wie bereits erwähnt, ist dies der „Confirmation Bias". Eine Information, die unserer Sichtweise widerspricht, wird tendenziell eher abgelehnt oder ignoriert, der sogenannte „Disconfirmation Bias".[50] Der gesamte Vorgang, also dass die Weltsicht die Denkweise mitbestimmt, nennt sich „Motivated Reasoning" (motiviertes Denken).

Im Grunde tut sich jeder und jede also schwerer mit Information, die das eigene Weltbild ins Wanken bringen könnte. Das liegt daran, dass der Mensch gar nicht immer jedes Detail hinterfragen kann. Wenn wir jede Entscheidung dauernd anzweifeln würden, könnten wir in der Früh nicht einmal aus dem Bett steigen. Der Mensch wäre nicht überlebensfähig; es ist unmöglich, sich über jeden Aspekt einer Entscheidung zu sehr den Kopf zu zerbrechen. Also schlagen wir kognitive Abkürzungen ein – mit der Konsequenz, dass wir manchmal auch falsche Entscheidungen treffen oder uns auf einem Irrweg befinden.

Glaubenskrieger sind herausragend gut im Einschlagen solcher kognitiver Irrwege. Das Internet hilft hierbei: Sie können sich umso leichter von unliebsamen Fakten und ihnen widersprechenden Menschen abschotten. Wie in den Anfangskapiteln erwähnt, verstärken Phänomene wie die Echokammer diese Polarisierung noch. Und selbst wenn Menschen mit ihnen widerstrebenden Fakten in Kontakt kommen, heißt dies nicht, dass sie diese glauben. Das beste Beispiel dafür sind Falschmeldungen: Manche Gerüchte sind einfach nicht umzubringen – sie kursieren jahrelang im Internet. Sehr berühmt ist etwa die Behauptung, US-Präsident Barack Obama sei Moslem. Diese stimmt nicht und wurde bereits unzählige Male widerlegt. Doch ein Teil der amerikanischen Öffentlichkeit glaubt daran, im Jahr 2010 tat dies beinahe jeder fünfte Amerikaner, fanden die Meinungsforscher des Pew Research Centers heraus. Diese Zahl war trotz etlicher Richtigstellungen im Vergleich zum Vorjahr auch noch gestiegen. Und unter den Republikanern glaubte das fast jeder Dritte (konkret 31 Prozent), wohingegen es bei den Demokraten nur jeder Zehnte war.[51]

Gerüchte sind deswegen so schwer aus der Welt zu bekommen, weil Menschen ihren Wissensstand oft falsch einschätzen: Ausgerechnet jene, die auf eine Falschinformation hereinfallen, sind von dieser häufig extrem stark überzeugt. Zu dieser Problematik gibt es in den USA einige Studien. Ein Beispiel: Im Jahr 2009 arbeitete Präsident Obama an der Reform des amerikanischen Gesundheitssystems, bekannt als Obamacare. Seine republikanische Widersacherin Sarah Palin behauptete damals via Facebook, dass es zu sogenannten „death panels" käme – also zu Gremien von Bürokraten, die entscheiden würden, wer Anspruch auf medizinische Hilfe hat und wer nicht. Auch dieses Gerücht stimmt nicht, es ist in den USA dennoch weit verbreitet. Eine Untersuchung des Politikwissenschaftlers Brendan Nyhan ergab auch hier, dass weitaus mehr Republikaner als Demokraten diese Falschinformation glaubten. Wirklich spannend ist dabei folgende Erkenntnis aus seiner Studie: „Republikaner, die angaben, dass sie gut über die vorliegende Reform Bescheid wussten, waren eher falsch informiert als jene, die sich für nicht gut informiert hielten."[52]

Es ist paradox: Wer einem Gerücht aufsitzt, hält sich häufig für besonders gut informiert und glaubt, nur die anderen hätten etwas noch nicht durchblickt. Das können wir Tag für Tag auch auf Facebook beobachten, wo häufig ausgerechnet jene Menschen, die sehr vielen unseriösen Medien aufsitzen, anderen erklären, wie naiv sie seien. Doch wie können wir verhindern, dass wir selbst nicht so simplen Wahrheiten verfallen wie manch ein Glaubenskrieger?

Bildung allein scheint nicht ausschlaggebend zu sein. Eine Untersuchung, federführend erarbeitet von der Yale Law School, kam zum Schluss, dass naturwissenschaftliche Vorkenntnisse nicht entscheidend sind, ob man den

Klimawandel als von Menschen mitverursacht ansieht. Amerikaner, die über viel naturwissenschaftliche Bildung verfügten, waren in dieser Frage umso mehr gespalten.

Die Forscher staunten über diese Studienergebnisse: Sie hatten doch vermutet, dass gebildete Bürger den Klimawandel als von Menschen mitverursacht akzeptieren würden. Doch auch gut gebildete Menschen können einem Irrtum aufsitzen.[53]

Wie kann man es also ermöglichen, dass Menschen zumindest ab und zu mit ihren sich widersprechenden Informationen in Kontakt kommen und damit in ihrer Sichtweise auch herausgefordert werden? „Ein heterogenes Netzwerk ist ein wichtiger Faktor", sagt Dietram A. Scheufele, ein renommierter Forscher auf diesem Gebiet. Scheufele, ein gebürtiger Deutscher, lehrt an der University of Wisconsin und hat etliche Untersuchungen zu diesem Thema gemacht. Im Jahr 2003 führte Scheufele mit seinen Kollegen eine spannende Studie durch: 781 Amerikaner wurden sowohl zu ihrer Weltanschauung, zu ihrem Nachrichtenkonsum als auch zu ihrem Umfeld befragt. Sie mussten angeben, wie oft sie mit Menschen einer anderen Herkunft oder Hautfarbe, des anderen Geschlechts und einer unterschiedlichen ideologischen Überzeugung über Politik sprachen. Es stellte sich heraus, dass viele Personen vor allem am Arbeitsplatz mit Andersdenkenden konfrontiert waren. Solche heterogenen Netzwerke hatten einen äußerst positiven Effekt: Wer sich in einem diversen Umfeld bewegt, suchte umso eher die Diskussion mit Andersdenkenden. Gleichzeitig zeigten sich diese Menschen überdurchschnittlich gut politisch informiert, sie konsumierten auch mehr Nachrichten in Tageszeitungen und im Fernsehen. Und letztlich nahmen sie auch stärker an der politischen Debatte teil – hatten in den vergangenen zwei Jahren eher gewählt, eher Petitionen weiterverbreitet oder sich für eine politische Kampagne eingesetzt. „Leute, die sich in einem sozialen Umfeld befinden, in dem sie sich öfters mit heterogenen Informationen auseinandersetzen müssen, haben deutlich mehr politisches Wissen", erklärte mir Scheufele in einem Gespräch. Seine Studie trägt übrigens den schönen Titel: „Democracy based on Difference"[54] – Demokratie basierend auf Unterschieden.

Schaut man genauer, sind diese Ergebnisse durchaus einleuchtend: Nehmen wir an, man diskutiert am Arbeitsplatz mit dem Kollegen über die Vermögenssteuer. Und er bringt ein Argument, das man noch nie gehört hat und dementsprechend auch nicht parieren konnte, dann wird man mitunter am Abend zuhause am Sofa recherchieren – Artikel dazu googeln oder auf Wikipedia nachlesen, damit man das nächste Mal nicht ganz so ahnungslos dasteht, und vielleicht auch widersprechen kann. Wenn wir häufig mit anderen Meinungen konfrontiert sind und zwar in einem Umfeld, in dem sachlich diskutiert wird, führt dieser Austausch auch zu einer Schärfung der eigenen Argumente. Man reflektiert dann auch stärker, bei welchen Aspekten man richtig liegt und wo wiederum der andere einen wunden Punkt trifft.

Gerade deswegen sind Echokammern im Internet so gefährlich: Sie führen dazu, dass wir nicht ständig unsere Positionen hinterfragen müssen, sie erleichtern es, oft eine kognitive Abkürzung zu nehmen – selbst wenn diese Abkürzung manchmal nicht sonderlich logisch ist. Diese zu kurz gedachten Argumente lesen wir online vielerorts: Da werden Fakten miteinander in Zusammenhang gebracht, die in keinem kausalen Zusammenhang stehen. Ein Beispiel: Die Facebook-Seite „Wahrheiten jenseits der Massenmedien" schimpft gerne über Politik und Presse – und das auf ziemlich unlogische Weise. So postete diese Facebook-Seite am 13. Februar 2016 einen Zeitungsartikel, wonach ein 76-jähriger deutscher Rentner gestorben ist, nachdem ihm der Energieversorger den Strom abdrehte. Er wurde tot vor seinem Ofen aufgefunden. Womöglich hatte er versucht, den Ofen mit dafür nicht geeignetem Material zu heizen, und ist an einer Rauchvergiftung gestorben – zumindest ist dies der Verdacht.[55] Die Glaubenskrieger-Seite „Wahrheiten jenseits der Massenmedien" greift diesen Fall auf und schreibt: „Schaut alle her: In Brakel ist der 76 Jahre alte Rentner Franz T. in seiner Wohnung gestorben, weil deutschen Rentnern mit Minirente der Strom abgestellt wird, wenn sie nicht zahlen können – dafür werden lieber Asylanten kostenlos versorgt (…)."[56]

Ein geschmackloser Vergleich – und zugleich ein unlogischer. Was haben Asylwerber damit zu tun, dass ein Rentner in seiner Wohnung stirbt? Hier wird versucht, aus dem tragischen Tod eines Pensionisten politisches Kapital zu schlagen. Offensichtlich mangelt es da an Empathie und Pietät, aber noch etwas fehlt in diesem Fall: eine stringente Argumentation. Nur weil man zwei Fakten – toter Mann in Wohnung / Asylwerber im Land – nebeneinander erwähnt, herrscht noch kein kausaler Zusammenhang zwischen diesen beiden Tatsachen. Wenn ich online erzähle, dass ich vergangenes Wochenende München besuchte, und ein Münchner Facebook-Bekannter schreibt, dass ihm am Samstag das Fahrrad gestohlen wurde, dann lässt sich nicht daraus ableiten, dass ich dieses Fahrrad gestohlen habe.

Unzulässige Schlussfolgerungen dieser Art werden in der Flüchtlingsdebatte permanent gezogen – weil hier mit Ressentiments gearbeitet wird, sowie mit dem Confirmation Bias und dem Disconfirmation Bias. Online können wir derzeit beobachten, wie leicht ein kausaler Zusammenhang zwischen Ereignissen fingiert und konstruiert wird, zwischen denen gar keiner besteht. Glaubenskrieger versuchen, solche Kurzschlüsse zu verbreiten – indem sie diese permanent wiederholen. Oder anders gesagt: Wenn Sie hundert Mal lesen, dass ich in irgendeiner Stadt zu Besuch bin, und ausgerechnet an diesem Tag wird dort auch ein Fahrrad gestohlen, kommen Sie dann nicht ins Grübeln?

Wer achtsam sein und aufpassen möchte, selbst nicht zu vielen Irrtümern zu erliegen, kann gezielt das sachliche Gespräch mit Andersdenkenden suchen. Ich habe bereits die Studie des Kommunikationswissenschaftlers Dietram Scheufele erwähnt, die zeigt, wie wichtig heterogene Netzwerke sind. Der Forscher führte noch ein weiteres interessantes Experiment gemeinsam mit Kollegen durch: 240 Studierende mussten sich auf eine Diskussion zum Thema Nanotechnologie vorbereiten. Einem Drittel von ihnen wurde gesagt, sie würden sich mit gleichdenkenden Menschen austauschen. Das zweite Drittel der Probanden bekam die Information, sie würden mit Andersdenkenden diskutieren. Der dritte Teil erhielt gar keine Information, auf wen er stoßen würde. Die Studentinnen und Studenten wurden zur Vorbereitung auf die Diskussion an einen Computer gesetzt und konnten dort dieselbe Auswahl von Online-Texten zum Thema Nanotechnologie lesen. Sowohl Artikel als auch Kommentare aus der Redaktion sowie Gastkommentare. Die

Studienteilnehmer, die mit Andersdenkenden diskutieren sollten, lasen wesentlich häufiger Kommentare und Gastkommentare. Sie wollten sich anscheinend ansehen, welche Gegenargumente die anderen einbringen würden und sich darauf inhaltlich gefasst machen. Je mehr wir damit rechnen, auf andere Meinungen zu stoßen, desto mehr vergewissern wir uns, möglichst stichhaltig zu argumentieren.[57] Das ist doch ein schöner Gedanke: Dass uns das Diskutieren mit Andersdenkenden letztlich in unseren eigenen Positionen stärkt. Wir müssen dann ständig unsere Argumente überprüfen, lernen langfristig aber auch, um so besser erklären zu können, woran wir glauben. Man muss andere Meinungen nicht unbedingt mögen oder gar die eigene Meinung aufgeben. Die Bereitschaft, sich mit ihnen auf eine faire und sachliche Weise zu duellieren, ist der beste Weg, den eigenen Verstand zu schärfen und seine Überlegungen zu vertiefen. Umso wichtiger sind digitale Diskussionsräume, in denen hart, aber fair debattiert werden kann. Doch diese fairen Diskussionsräume sind gefährdet – weil Glaubenskrieger mit Lügen, Beleidigungen und Drohungen versuchen, einem sachlichen Austausch aus dem Weg zu gehen und Trolle mit ihren Provokationen und fiesen Untergriffen gezielt Unruhe in viele Gruppen bringen.

Hierzu noch eine Ergänzung: Natürlich wird nicht all die Wut im Web einzig von Glaubenskriegern oder Trollen verbreitet. Es gibt viele ruppige Internetnutzer, die zwar unfreundlich sind, aber nicht kalkuliert genug vorgehen, um als Troll bezeichnet zu werden. Und die nicht so unbeirrbar in ihrer Überzeugung sind, dass sie tatsächlich ein Glaubenskrieger wären. In solchen Fällen spreche ich von Online-Rüpeln.

Das allgemein raue Klima im Netz ist nicht zuletzt mit der Online-Enthemmung erklärbar (siehe auch zweites Kapitel). Wie dort erwähnt, führt speziell der fehlende Augenkontakt zu weniger Empathie als in Diskussionen von Angesicht zu Angesicht. Wenn aber wirklich von „Hass" im Netz die Rede ist, sind Trolle und Glaubenskrieger besonders interessant, denn sie infizieren die Debatte gezielt mit Aggression: Die Trolle tun dies, weil sie das lustig finden. Die Glaubenskrieger agieren so, weil ein sachliches, respektvolles Diskussionsniveau gar nicht in ihrem Sinne ist. Um genau diesen Aspekt geht es im folgenden Kapitel.

Hier noch eine Übersicht, was Trolle und Glaubenskrieger eint und was sie unterscheidet:

	Trolle	Glaubenskrieger
Empathie	Niedrig	Niedrig
Motivation	Schadenfreude (die LULZ)	Gefühlte Bedrohung
Sieht sich selbst als …	intellektuell überlegen	heldenhaft
Ideologie?	Nichts ist heilig	Unbeirrbare Überzeugung
Ziel	Menschen manipulieren	Menschen „wachrütteln"
Vorrangige Methode	Provokation	Panikmache
Angriffspunkt	Frustriert, wenn sich Gegenüber nicht provozieren lässt.	Genau betrachtet nicht zur differenzierten Diskussion bereit.

5. HASS ALS INSTRUMENT

Wer sich über Beleidigungen oder Hass im Web aufregt, wird mitunter Sätze hören wie: „Lass sie halt Dampf ablassen." Oder: „Reg dich nicht auf, lass dir eine dickere Haut wachsen." Solche Äußerungen blenden allerdings nicht nur aus, wie verletzend Hass ist, sie ignorieren außerdem dessen ansteckende Wirkung. Hass ist nicht nur ein Gefühl, er ist auch ein Instrument der digitalen Glaubenskrieger: Hass verhindert Empathie. Oder wie es der Soziologe Hinrich Rosenbrock einmal treffend beschrieb: „Menschen, die hassen, haben keinerlei Empathie gegenüber den Gehassten; damit verlieren sie auch einen Großteil ihrer Hemmungen. Hass drückt eine starke Feindschaft aus, also eine Abgrenzung und damit in der Regel eine Zuschreibung ‚wir' gegen ‚die'. Es bildet sich eine kollektive Identität heraus."[58]

Der Hass im Netz hilft den Glaubenskriegern, die die Gesellschaft spalten und Zulauf generieren wollen. Die Glaubenskrieger schreiben gezielt ein Eskalationsszenario herbei – sie nutzen sogar die harmlosesten Facebook-Meldungen, um ihre Wut darunter zu verbreiten. Ein Beispiel: Am 19. Februar 2016 feiert der Ministerpräsident von Sachsen-Anhalt, Reiner Haseloff, Geburtstag – er gehört der konservativen CDU an. Seine Partei gratuliert ihm auf Facebook „ganz herzlich". Prompt hagelt es Kritik. Ein User schreibt: „Also ich wähle die AfD, das ist die einzige Partei die noch bürgerliche Nähe besitzt. Da könnt Ihr weiter eure Propaganda betreiben ... Und wir wollen die Islamisierung und den Viellvölker Saat (sic!) nicht! Und wir sind auch nicht nur ein paar wenige sondern ganz viele!" Eine Userin, die ihm widerspricht, wird als „Dummbratze" bezeichnet. Einer erklärt ihr: „Sie sind DER Beweis,dass sie sich nur durch die manipulierten u.regierungsfreundlichen ÖR-systemsender informieren,deshalb nur Bulshit von ihnen."[59]

Selbst ein harmloser Geburtstagskommentar führt dazu, dass es Beleidigungen hagelt. Derartige Zitate sind mittlerweile auf vielen Facebook-Seiten sogar Normalität. Die Glaubenskrieger, die gegen die Aufnahme von Flüchtlingen im eigenen Land ankämpfen, versuchen derzeit, etliche digitale Diskussionsräume mit ihrer Aggression zu besetzen.

Tatsächlich eignet sich Aggression, um aus nüchternen Debatten ein erhitztes Schlachtfeld zu machen. Der Kommunikationswissenschaftler Dietram Scheufele, den ich bereits zur politischen Bedeutung heterogener Netzwerke zitierte, hat eine bemerkenswerte Untersuchung durchgeführt – meines Erachtens eine der bedeutendsten Studien zum Thema „Hass im Internet". Scheufele und seine Kollegen der University of Wisconsin ließen 1183 Menschen einen neutralen Online-Artikel zum Thema Nanotechnologie lesen. Zur Erklärung: Die Nanotechnologie kommt in Scheufeles Forschung deswegen öfter als Diskussionsgrundlage vor, da viele Amerikaner bei dieser Thematik noch nicht so festgefahrene Positionen haben, ganz anders als beispielsweise beim Reizthema Klimawandel. Dementsprechend lässt sich hierbei gut die Dynamik beobachten, die Aggression in eine Debatte bringt.

Die Probanden mussten unter dem Text auch die Kommentare lesen – dabei wurden die Studienteilnehmer in zwei Gruppen geteilt. Die eine Gruppe verfolgte eine sehr lebhafte Diskussion mit reichlich Widerspruch, jedoch ohne

Schimpfworte. Die zweite Gruppe las die gleichen Leser-kommentare, nur mit einem Unterschied: Es wurden hier auch noch Beleidigungen eingefügt, die die Wissenschaftler sorgfältig ausgewählt und vorab auf ihre Tonalität getestet hatten. Zum Beispiel hieß es in einem Kommentar: „Wer die Vorzüge des Einsatzes von Nanotechnologie nicht versteht, ist ein Idiot."[60]

In einem Gastbeitrag in der „New York Times" bezeichneten die Forscher ihre eigenen Ergebnisse als „verstörend".[61] Es stellte sich heraus: Schimpfworte hatten einen erheblichen Einfluss, wie Menschen über Nanotechnologie dachten. Jene Studienteilnehmer, die Beschimpfungen lasen, verbarrikadierten sich umso mehr in ihrer Sichtweise. Wer tendenziell eher für Nanotechnologie war, zeigte sich danach umso überzeugter davon. Wer sie eher ablehnte, verteufelte sie danach umso stärker. Die Gruppe hingegen, die keine Schimpfworte gelesen hatte, war nicht so extrem gespalten. Das Ergebnis der Studie erlaubt also den Schluss, dass man rein mit Schimpfworten Diskussionen zur Eskalation führen kann. Das ist durchaus nachvollziehbar: Wenn in einer Debatte Kraftausdrücke fallen, führt dies wohl kaum dazu, dass sich Menschen anderen Meinungen gegenüber öffnen, im Gegenteil: Wenn ein Schimpfwort fällt, verhärten sich die Fronten rasch. Schimpfworte und verbale Attacken auf die Person verpesten das Klima – das mag im ersten Augenblick nicht sonderlich spektakulär klingen. Doch genau diese Eskalationsstrategie birgt eine Gefahr für unsere Demokratie: Wir brauchen auch online die Fähigkeit, sachlich miteinander diskutieren zu können. Dies wird umso wichtiger, je stärker gesellschaftliche Themen in den sozialen Medien und auch in Onlineforen ausgehandelt werden. Ein großer

Teil des Austauschs findet längst im Web statt: Wie Bürger über eine Obergrenze für Flüchtlinge oder über eine Frauenquote in Parteien denken, wird mittlerweile in den digitalen Kommentarbereichen mitentschieden. Doch hier geben häufig die Rüpel den Ton an. Man kann rein mit Aggression, ganz ohne Argumente eine Diskussion eskalieren lassen und eine Konsensfindung verunmöglichen. Umso wichtiger ist es, online wieder schimpfwortfreie Diskussionsräume herzustellen. Wir müssen solche Mindeststandards des sachlichen Debattierens engagiert verteidigen.

Zur Klarstellung: Es geht mir hier dezidiert um Beleidigungen, nicht um sachlichen Widerspruch. Wenn also wie gesagt über die Frauenquote oder die Obergrenze für Flüchtlinge diskutiert wird, ist es ganz normal, dass unterschiedliche Positionen hierzu bezogen werden. Nicht in Ordnung ist es aber, ständig die Diskussion mit Schimpfworten auf eine rein emotionale Ebene zu heben, oder genau betrachtet: dorthin zu senken. Worte wie „Dummbratze" oder „Idiot" haben eine toxische Wirkung. Wenn ein solcher Kraftausdruck fällt, dann führt dies zur Polarisierung – und dazu, dass Menschen nicht mehr ganz so offen gegenüber anderen Sichtweisen sind.

Ob Glaubenskrieger bewusst oder unbewusst diese Eskalation betreiben, ist nicht eindeutig festzumachen: Zum einen sind sie selbst Getriebene ihrer unbeirrbaren Überzeugung, sie sehen die Welt ja tatsächlich in Schwarzweiß. Zum anderen ist einigen dieser Akteure wohl mit Sicherheit bewusst, dass ihnen die Aggression nützt. Sie sehen den Applaus und die Aufmerksamkeit, die ihnen ausgerechnet die härtesten Wortmeldungen bringen. Das ist übrigens nicht nur im Internet der Fall. Speziell die Rechtspopulisten beherrschen dieses Spiel mit der gesellschaftlichen Empörung. In Österreich agiert die FPÖ seit Jahrzehnten nach diesem Muster, in Deutschland tut es mittlerweile auch die AfD. Allerdings funktioniert im Internet die Form der Provokation besonders gut: Wie ich zu Beginn des Buchs erwähnte, bekommen beispielsweise Kommentare mit Schimpfworten eher Likes. Und der Facebook-Algorithmus macht Wortmeldungen, die viele Reaktionen auslösen, entsprechend mehr Menschen sichtbar.

Aggression beeinflusst die Meinung zu Sachthemen enorm. So ist es kein Zufall, dass Scheufele und seine Kollegen hier vom „Nasty Effect" sprechen, dem „fiesen Effekt". So nannten sie auch ihre Studie zum Thema Nanotechnologie. Hierzu noch ein unterhaltsames Detail: Als die erste Zeitung über die Ergebnisse dieser amerikanischen Untersuchung berichtete, erntete diese Meldung ungeheuer viele wütende Kommentare. Den Forschern wurde prompt vorgeworfen „Kommunisten oder Sozialisten" zu sein. Einer schrieb, sinngemäß von mir übersetzt: „Das ist doch eine Frechheit! Wie konnten die Demokraten eine Studie wie diese erfinden und dabei noch ein ernstes Gesicht bewahren?? Jeder, der diese Schlussfolgerungen gut findet, hasst Gott und unser Land."[62] Mit ihren Worten und ihrer polarisierten Weltsicht bestätigten die User ausgerechnet, wovor die Studie gewarnt hatte. Die Ironie des Ganzen fiel sogar der Satireseite „The Onion" auf. Die Redaktion kommentierte das online mit dem Satz: „Awful online comments hurt understanding of news, reports local news site filled with awful online comments." Übersetzt: „Furchtbare Onlinekommentare schaden dem Verständnis von Nachrichten, berichtet eine lokale Nachrichtenseite, die gefüllt ist mit furchtbaren Onlinekommentaren."[63]

Was können wir konkret gegen Beleidigungen dieser Art tun? Der einzelne User hat hier bedauerlicherweise nur begrenzte Handlungsmöglichkeiten, er kann sich meist lediglich rhetorisch zur Wehr setzen. Ich empfehle dabei, selbst auf Beschimpfungen zu verzichten – auch wenn es einem in den Fingern juckt. Nehmen wir an, Ihnen ist Empathie gegenüber geflohenen Menschen wichtig und Sie verteidigen diesen Standpunkt in einer öffentlichen Diskussion im Web. Die Wahrscheinlichkeit ist hoch, dass Ihnen viel Häme entgegenschlägt, dass Sie als „Gutmensch" oder als „Bahnhofsklatscher" bezeichnet werden. Das sind durchaus verletzende Worte, weil sie den Eindruck erwecken, Empathie sei etwas Schlechtes. Mein Tipp für diesen Fall: Weisen Sie auf diese Untergriffe hin. Sagen Sie: „Ich bitte darum, dass wir diese Diskussion sachlich und ohne Schimpfworte führen." Wenn der andere mit seiner Aggression nicht aufhört, schreiben Sie: „Sie haben mich nun schon mehrfach beleidigt. Bleiben Sie bitte sachlich, sonst ist eine konstruktive Diskussion unmöglich."

Oft erfordern solche hartnäckigen Rüpel eine Engelsgeduld. Diese lohnt sich aber, weil häufig viel mehr Menschen bei einer derartigen Diskussion passiv mitlesen als aktiv dabei mitzuschreiben – Worte haben also dementsprechend Gewicht. Wenn Sie in Ihren Kommentaren geduldig bleiben und rhetorische Untergriffe als solche benennen, ist dies für Ihr Gegenüber frustrierend. Glaubenskrieger zielen darauf ab, dass Sie selbst ruppig werden und sie als „hirnlos" oder gar als „Nazi" bezeichnet werden. Passiert das, schreit der

Glaubenskrieger prompt zurück: „War ja klar! Für diese Gutmenschen ist jeder ein Nazi, der etwas anders sieht als sie." In diesem Fall passiert etwas Problematisches: Der aggressive User erntet womöglich Sympathie, er kann sich jetzt als Opfer inszenieren. Tun Sie ihm lieber nicht den Gefallen, Schimpfworte zu verwenden. Thematisieren Sie es lieber selbst, wenn jemand Ihnen gegenüber beleidigend wird. Wie man eine passende Antwort auf manch eine fiese Argumentation findet, erkläre ich detailliert in Kapitel 9.

Das Ansprechen von aggressivem Verhalten reicht aber oft nicht aus. Der einzelne Internetuser kann das Problem des Hasses nicht im Alleingang lösen. Wir brauchen die Unterstützung von Onlinemedien, Webseitenbetreibern, Social-Media-Zuständigen und den großen Internetkonzernen. Sie haben die Möglichkeit, Nutzer vor den allerschlimmsten Beleidigungen zu schützen und eine klare rote Linie zu ziehen. Deswegen ist es klug, dass von Seiten der Politik und auch von Journalisten zunehmend Verantwortung von Facebook eingefordert wird. Dieser Internetriese hat einen ungeheuren Einfluss auf die Art und Weise, wie Menschen online miteinander sprechen. In seinen eigenen Gemeinschaftsstandards bekennt sich Facebook auch zu einer Diskussion möglichst ohne Hass. Dort schreibt das Unternehmen: „Facebook entfernt sämtliche Hassbotschaften, d. h. Inhalte, die Personen aufgrund der folgenden Eigenschaften direkt angreifen: Rasse, Ethnizität, nationale Herkunft, religiöse Zugehörigkeit, sexuelle Orientierung, Geschlecht bzw. geschlechtliche Identität oder schwere Behinderungen oder Krankheiten."[64]

Würde Facebook seine eigenen Regeln einhalten, hätten wir weit weniger Probleme. Doch häufig passiert das nicht:

User melden eine hetzerische Wortmeldung und Facebook schreibt zur Verwunderung vieler Menschen zurück, dies verstoße nicht gegen die Community-Regeln. Beispielsweise meinte ein Österreicher auf dem sozialen Netzwerk zu einreisenden Flüchtlingen: „Nur Tränengas, viel zu Schwach!! Hochspannung gehört auf den Zaun, wenns ankommen muss es Zischen und es gibt Gegrillte Islams yeee!"[65] Diese Wortmeldung war laut Facebook keine Hassbotschaft, die gegen die eigenen Community-Regeln verstößt. Hier will jemand Flüchtlinge, die an einem Grenzzaun ankommen, unter Starkstrom setzen und findet die Idee „Gegrillter Islams" anscheinend lustig – das soziale Netzwerk hatte kein Problem damit. Wortmeldungen wie diese, die Facebook stehen ließ, sorgten für reichlich Empörung. Sowohl in Deutschland als auch in Österreich wurden Facebook oder Facebook-Manager für das Tolerieren derartiger Wortmeldungen angezeigt, zum einen vom Würzburger Anwalt Chan-jo Jun, zum anderen vom Wiener Journalisten Michael Nikbakhsh vom Nachrichtenmagazin „profil". In beiden Anzeigen wird argumentiert, dass Facebook rechtlich verpflichtet ist, strafrechtlich relevante Äußerungen zu löschen, wenn das Netzwerk über diese informiert wird.[66] [67]

Der deutsche Justizminister Heiko Maas startete ebenfalls eine Debatte über diese Verantwortung seitens des sozialen Mediums, der sich sein österreichischer Amtskollege Wolfgang Brandstetter anschloss. Facebook reagierte durchaus: Das Moderatorenteam wurde ausgebaut. Dafür beauftragte das soziale Netzwerk das Unternehmen Arvato, das zum Bertelsmann-Medienkonzern gehört. 200 Moderatoren sitzen nun zusätzlich in Berlin und überprüfen

Facebook-Einträge. Rechtswidrige Wortmeldungen sollen binnen 24 Stunden entfernt werden, kündigt das Unternehmen an. Ob die Kontrolle von hasserfüllten Botschaften künftig also besser funktioniert? Für ein Urteil ist es noch zu früh. Insgesamt halte ich aber den öffentlichen Druck, der auf bedeutende Konzerne wie diesen ausgeübt wird, für enorm wichtig: Würde Facebook allein jene Wortmeldungen löschen, die strafrechtlich relevant sind oder gegen die eigenen Regeln des Netzwerks verstoßen, wäre die Situation schon deutlich besser als bisher. Facebook hingegen betont gerne, wie wichtig Widerrede sei – also dass Menschen gegen hasserfüllte Rede das Wort ergreifen. Das stimmt. Doch ganz allein sollten Webseitenbetreiber und soziale Medien die einzelnen Nutzer in ihrer Widerrede gegen Hass und Hetze nicht lassen. Es braucht beides: Mutige Bürger und Webseitenbetreiber, die sie vor den schlimmsten verbalen Übergriffen oder gar Bedrohungen schützen.

Dies gilt übrigens auch für Online-Medien. Der Hass in den eigenen digitalen Räumlichkeiten stellt für viele Redaktionen eine echte Herausforderung dar: Moderatorenteams, die rund um die Uhr auf der eigenen Facebook-Seite oder im Leserforum überall mitlesen, kosten viel Geld. Manche Medien drehen sogar lieber die Kommentarfunktion ab, als in die Moderation ihrer Kommentarspalten weiter zu investieren. Die Nachrichtenagentur „Reuters" beispielsweise hat die Kommentarfunktion unter den Nachrichtentexten schon im November 2014 abgeschaltet und konzentriert sich seither auf Social Media. Eine Schattenseite hat dieses Vorgehen aber ganz klar: Die Debatte wird an eine Handvoll amerikanischer Unternehmen – großteils an Facebook – ausgelagert. Dort können Medien zwar die technischen Tools nutzen, die das Netzwerk ihnen als Fanpage-Betreiber anvertraut. Sie haben aber keinerlei eigenen technischen Gestaltungs-spielraum. Hier machen sich Medien zunehmend von einem großen IT-Unternehmen abhängig.[68]

Dabei geht es auch anders: Im deutschsprachigen Raum ist „Zeit Online" ein Best-Practice-Beispiel. Die Redaktion hat schon früh die Verantwortung für ihre digitale Debatte über-nommen. Jeder Kommentar wird dort von einem Moderator gelesen. Insgesamt sind zwei Community-Redakteure und 15 Moderatoren für 50.000 Lesermeldungen pro Woche zustän-dig und greifen notfalls ein, wenn unsachlich oder untergrif-fig argumentiert wird. Sie gehen dabei aber stets transparent vor. Anstelle der gelöschten Wortmeldung steht dort dann beispielsweise: „Entfernt. Bitte verzichten Sie auf Gewalt-relativierungen. Danke, die Redaktion." Oder: „Entfernt. Bitte bleiben Sie beim Artikelthema. Danke, die Redaktion." Die „Zeit Online" macht in ihrer „Netiquette" klar, welche Regeln sie beim Diskutieren erwartet. Die allererste Regel lautet: „Beleidigungen haben in den Diskussionen keinen Platz. Wenn Sie einem Artikel oder Kommentar widerspre-chen, kritisieren Sie dessen Inhalte und greifen nicht den Verfasser an."[69] Genau darum geht es: Wir brauchen mehr solche Diskussionsräume, in denen es die Glaubenskrieger nicht ganz so einfach haben – und mit plumpen Beleidigun-gen sehr viel Diskussionspotenzial verunmöglichen können.

6. FALSCH VERSTANDENE MEINUNGSFREIHEIT

Aus Sicht der Trolle und Glaubenskrieger gibt es einen erst-klassigen Trick, wie sie von ihrem aggressiven Verhalten im Netz ablenken können: Sie tun einfach so, als seien sie das wahre Opfer in der Auseinandersetzung. Dies gelingt ihnen häufig, indem sie mit den wichtigen demokratischen Begriffen der „Meinungsfreiheit" hantieren und andere als „Zensoren" beschimpfen. Damit lenken sie den Blick von ihren sprachlichen Provokationen ab und stellen jene an den Pranger, die verhindern wollen, dass andere verbal verletzt werden. Es handelt sich hier um eine außerordentlich effektive und eine extrem unfaire Strategie. Um zu erklären, wie irre-führend der bedeutsame Begriff der Meinungsfreiheit oft benutzt wird, bringe ich ein anschauliches Beispiel: Eines der größten Probleme in vielen sozialen Medien ist, dass selbstbewusste Frauen häufig extrem sexualisierte, verbale Aggression erleben – das reicht bis zur Vergewaltigungs-androhung. Seit einigen Jahren ist dies ein heiß diskutier-tes Thema in Onlinemedien. Beispielsweise machte der Fall von Anita Sarkeesian Schlagzeilen. Die gebürtige Kanadierin sammelte 2012 online Geld für eine YouTube-Serie, in der sie den Sexismus und die Rollenklischees in Videospielen analysieren wollte. Die Finanzierungskampagne war äußerst erfolgreich – zog jedoch auch jene männlichen Videospiel-fans an, die offensichtlich ein Problem damit haben, wenn eine junge Frau den Sexismus in diesen Spielen kritisiert. Für sie wurde Sarkeesian zum erklärten Feindbild. Seit dem Jahr

2012 erleidet die Bloggerin regelmäßig Beschimpfungen, Mord- und sogar Vergewaltigungsdrohungen. Im Oktober 2014 musste sie einen Vortrag an der Utah State University absagen, nachdem ein anonymer User ihr dort Gewalt und sogar einen Amoklauf angekündigt hatte.[70] Anfang 2015 veröffentlichte Sarkeesian einen äußerst interessanten Blogeintrag zu den ständigen Bedrohungen und Beleidigungen, denen sie ausgesetzt ist. Es handelte sich einfach um eine Liste, welche Art von Wortmeldungen sie innerhalb von nur einer Woche (im Zeitraum von 20. bis 26. Jänner 2016) auf dem sozialen Netzwerk Twitter erhalten hatte. Die Auflistung ist zu lang, um sie vollständig anzuführen. Hier aber zumindest eine Auswahl daraus; groß geschriebene Worte habe ich so belassen, fehlende Beistriche und andere Fehler bewusst nicht korrigiert:

- „Du bist eine verachtenswerte Hure :-)"
- „Bring dich um Feministinnen verschwenden unsere Luft mehr Videospiele sollten halbnackte Mädchen-Charaktere haben wie in ‚Tomb Raider‘ etc"
- „Ich komme zu deinem Haus und werde dich brutal vor deiner Familie vergewaltigen"
- „Ich hoffe jede Feministin bekommt den Kopf abgetrennt von den Schultern"
- „FICK DICH. AUFMERKSAMKEITSHURE VERSCHWINDE"
- „fick dich und alles wofür du stehst"
- „wie wäre es, wenn du Krebs bekommst?"
- „beschissene Schlampe du verdienst keine Rechte Feministinnen müssen ins Gefängnis dafür dass sie existieren"

- „du bist eine beschissene Schlampe, JEDEEINZELNE VERFICKTE PERSON die online spielt bekommt TODESDROHUNGEN! Und NIEMAND kümmert das, es ist KEINE große Sache"
- „oh buhu du selbstgerechte trügerische Schlampe und lass mal locker wer würde dich vergewaltigen du hässliche Arabische Schlampe"
- „Ich hoffe du wirst von vier Männern mit 23 cm langen Penissen vergewaltigt"
- „das ist eine anonyme Morddrohung"
- „hey verdammte Schlampe. Wenn du jemals nach Europa kommst vergewaltige ich dich bis zur Besinnungslosigkeit"[71]

Deutlich wird: Es handelt sich hier nicht um ein, zwei fiese Kommentare, sondern um geballten Hass – quantitativ gleichermaßen wie qualitativ. In der besagten Woche erhielt Sarkeesian 157 verletzende Tweets – so heißen die Wortmeldungen auf Twitter –, darunter etliche Mord- und Vergewaltigungsdrohungen.

Es ist bewundernswert, dass Frauen wie Sarkeesian nicht locker lassen, sich nicht einschüchtern lassen und immer wieder auf diese verbale Gewalt hinweisen. Die Beharrlichkeit hat auch zu einer Debatte über dieses Problem und zu kleinen Verbesserungen auf Seiten wie Twitter geführt. Beispielsweise wurde es zumindest technisch einfacher, verletzende Tweets zu melden. Anfang 2015 gestand auch der damalige Twitter-Chef Dick Costolo in einem internen Memo ein: „Wir sind echt schlecht im Umgang mit Übergriffen und Trollen auf der Plattform. Und wir sind seit Jahren schlecht."[72] Über dieses Memo berichtete „tagesschau.de" am 6. Februar 2015, auch schrieb die Redaktion online, dass Twitter künftig gegen Beleidigungen und Drohungen vorgehen will.[73] Diese Neuigkeit stieß jedoch nicht nur auf Begeisterung. Auf Twitter schrieb ein User namens @gingerrx34 beispielsweise: „Wer braucht denn schon Meinungsfreiheit? Das ist soooo oldschool."[74] Weiters empfahl er jenen, die dies anders sehen, sie sollten sich lieber „eine dickere Haut zulegen, als immer gleich die Internetpolizei zu rufen."[75] Derartige Wortmeldungen sind keine Seltenheit: Etliche Internetuser haben nicht verstanden, was das Konzept der Meinungsfreiheit bedeutet und wie grundlegend es für eine freie Gesellschaft ist. Allem voran schützt uns das Recht auf Meinungsfreiheit vor staatlicher Verfolgung und einem Eingriff der Behörden, wenn man Information oder Ideen weitergeben möchte. Jedoch ist die Meinungsfreiheit nicht grenzenlos: Wer jemanden grob beschimpft, üble Nachrede über eine andere Person betreibt, jemanden bedroht oder zu Gewalt gegen eine religiöse oder ethnische Gruppe aufruft, kann beispielsweise zu einer Geld- oder Haftstrafe verurteilt werden. Die Meinungsfreiheit ist – wie auch andere Grundrechte – nicht grenzenlos.

Manch ein Tweet oder manch ein Facebook-Kommentar zum Thema Meinungsfreiheit ist ziemlich irreführend. Nehmen wir zum Beispiel das hämische Wort „Internetpolizei", nach der die Opfer von Bedrohungen und Beleidigungen laut dem obigen User nicht rufen, sondern sich lieber „eine dicke Haut" wachsen lassen sollen. Ich halte das für grundlegend falsch. Opfer sollen nicht auf ihre Rechte verzichten und verletzende Wortmeldungen einfach hinnehmen; sie sollen sogar die Polizei verständigen, wenn sie gedemütigt oder bedroht wurden.

Weder treten die Regeln des menschlichen Zusammenlebens außer Kraft ab dem Moment, wenn man online kommuniziert, noch erlaubt die Meinungsfreiheit jede Wortmeldung. „Die Würde des Menschen ist unantastbar. Sie zu achten und zu schützen ist Verpflichtung aller staatlichen Gewalt." Mit diesen Worten beginnt der Artikel 1 des deutschen Grundgesetzes. Und es gibt hier keine Ausnahme, dass dies im Internet anders sei.

Im Wesentlichen reicht die Meinungsfreiheit nur so weit, bis die Rechte anderer verletzt werden. Dazu zählt beispielsweise das Recht, dass man sich nicht bedrohen oder verunglimpfen lassen muss (zu den juristischen Möglichkeiten von Opfern verbaler Gewalt komme ich noch in Kapitel 10). Es ist aus rechtlicher Sicht somit falsch, die Meinungsfreiheit als unbegrenzt anzusehen. Im Zweifelsfall wägen Gerichte ab, ob konkret das Recht auf freie Rede oder beispielsweise der Schutz vor übler Nachrede höher zu gewichten ist – dies ist die sogenannte Güterabwägung. Und natürlich sollen unsere Gerichte auch für Rechtsverletzungen im Internet zuständig sein. Man muss dafür auch nicht die „Internetpolizei" rufen, sondern einfach nur die normale Polizei.

Das ständige Pochen auf die Meinungsfreiheit ist nämlich eine Immunisierungsstrategie: Es ist der Versuch, für die eigenen Worte nicht gerade stehen zu müssen – nicht einmal vor anderen Mitdiskutierenden. Dazu noch eine weitere Anekdote aus der Praxis: Als die Stimmung in der Flüchtlingsdebatte hochkocht, meldet sich im Februar 2016 der deutsche Justizminister Heiko Maas zu Wort. Er fordert „die schweigende Mehrheit in der bürgerlichen Mitte" auf, sich gegen Hetze auszusprechen. „Wir dürfen nicht warten, bis es den ersten Toten gibt", so der Minister. Auch diese

Meldung kommt nicht überall im Internet gut an. Auf der Facebook-Seite des „Focus" regen sich prompt Benutzer auf. Ein Manuel S. schreibt: „Wenn sich die schweigende Mehrheit zu Wort melden würde, käme da etwas bei raus. Aber das dürfte Herrn Maas gar nicht gefallen! Alleine wenn ich mich in meinem familiären und Freundeskreis umhöre.... Da kocht es gewaltig (...)" Ein Peter M. antwortet darauf: „Ich habe ein sehr großen Freundes und Verwandtenkreis, da ist nicht einer dabei, der diesen Flüchtlingswahnsinn für richtig hält. Die Wut wächst." Und Timo E. erklärt: „Man darf sich ja auch nicht offen dagegen aussprechen, weil man damit seinen Ruf, seine Sicherheit und vor allem seinen Job riskiert. Freie Meinungsäußerung ist momentan nicht erwünscht."[76]

Dieser Austausch ist recht kurios: Zum einen behaupten diese User, ihr ganzes Umfeld sehe das gleich wie sie. Gleichzeitig wird argumentiert, man dürfe das aber nicht offen sagen, sonst verliere man den guten Ruf. Solche Wutbürger beanspruchen für sich, sowohl die schweigende Mehrheit als auch eine verfolgte Minderheit zu sein. Das erinnert an Schrödingers Katze – jenes Gedankenexperiment aus der Physik, bei dem eine Katze zugleich tot als auch lebendig ist.

Aber zurück zum Thema Meinungsfreiheit, um die es angeblich ganz schlecht bestellt ist: Der User namens Timo E. behauptet, freie Rede sei in Deutschland „nicht erwünscht." Diese Behauptung liest man in vielen Zeitungsforen oft. Nur was ist da dran? Im gerade zitierten Fall regten sich die Nutzer über eine Aussage von Justizminister Heiko Maas auf. Dieser hatte in einem Interview mit dem „Hamburger Abendblatt" gesagt: „Wir müssen jetzt ganz klare Haltung zeigen. Rassismus und Fremdenfeindlichkeit müssen wir uns offen entgegenstellen. Das gilt nicht nur für die Politik.

Wir dürfen nicht warten, bis es den ersten Toten gibt. Wir brauchen eine neue Kultur des Widerspruchs. Da sind wir alle gemeinsam in unserem Alltag gefordert, ob zu Hause, auf der Arbeit oder im Sportverein. Die schweigende Mehrheit in der bürgerlichen Mitte darf nicht länger schweigen. Sie muss sich entschieden zu Wort melden, damit unsere gesellschaftliche Debatte nicht durch die Hetze und den Hass vergiftet wird."[77]

Mit keinem einzigen Wort hat der Minister die Meinungsfreiheit eingeschränkt: Er hat allerdings andersdenkende Bürger aufgefordert, das Wort zu ergreifen, sich gegen Rassismus und Fremdenfeindlichkeit zu stellen. Dies führt zu einem wesentlichen Aspekt der Meinungsfreiheit: Sie erlaubt auch die Widerrede. Wenn jemand eine furchtbare Aussage über Flüchtlinge tätigt, wird seine Meinungsfreiheit nicht eingeschränkt, wenn andere Bürger ihm ordentlich die Meinung sagen. Im Gegenteil: Das ist ihr gutes Recht. Auch für Menschen, die nicht derselben Ansicht sind wie manch ein „besorgter Bürger", gilt die Meinungsfreiheit. Die „Freiheit der Meinungsäußerung" wird beispielsweise in der Europäischen Menschenrechtskonvention geregelt, konkret in Artikel 10. Ich zitiere beide Absätze der Passage, um aufzuzeigen, dass das Recht auf freie Rede auch Pflichten mit sich bringt:

„(1) Jedermann hat Anspruch auf freie Meinungsäußerung. Dieses Recht schließt die Freiheit der Meinung und die Freiheit zum Empfang und zur Mitteilung von Nachrichten oder Ideen ohne Eingriffe öffentlicher Behörden und ohne Rücksicht auf Landesgrenzen ein. Dieser Artikel schließt nicht aus, daß die Staaten Rundfunk-, Lichtspiel- oder

Fernsehunternehmen einem Genehmigungsverfahren unterwerfen.

(2) Da die Ausübung dieser Freiheiten Pflichten und Verantwortung mit sich bringt, kann sie bestimmten, vom Gesetz vorgesehenen Formvorschriften, Bedingungen, Einschränkungen oder Strafdrohungen unterworfen werden, wie sie in einer demokratischen Gesellschaft im Interesse der nationalen Sicherheit, der territorialen Unversehrtheit oder der öffentlichen Sicherheit, der Aufrechterhaltung der Ordnung und der Verbrechensverhütung, des Schutzes der Gesundheit und der Moral, des Schutzes des guten Rufes oder der Rechte anderer unentbehrlich sind, um die Verbreitung von vertraulichen Nachrichten zu verhindern oder das Ansehen und die Unparteilichkeit der Rechtsprechung zu gewährleisten."[78]

Die Menschenrechtskonvention hält dezidiert fest, dass demokratische Rechte durchaus auch „Pflichten und Verantwortung" mit sich bringen. Wir Bürger haben die Verantwortung, achtsam mit unseren Worten umzugehen. Im Bedarfsfall können wir auch das Wort gegen Hassrede ergreifen. Dies ist womöglich dann sinnvoll, wenn eine Aussage zwar grob, aber trotzdem legal ist. Stellen Sie sich vor, in einem Zeitungsforum schreibt ein User folgenden Satz: „Alle Politiker gehören mit Eisenstangen verprügelt." Rein juristisch können sie höchstwahrscheinlich weder in Österreich noch in Deutschland etwas gegen diese Behauptung tun. Sie ist zu wenig konkret, um als tatsächliche Bedrohung gewertet zu werden. Auch ist der Kreis der beleidigten Menschen hier wahrscheinlich zu groß, als dass eine Anzeige wirkungsvoll wäre. Nichtsdestotrotz ist das eine furchtbare Aussage.

Es zeugt nicht gerade von Empathie, anderen Menschen zu wünschen, dass sie mit einer Eisenstange verprügelt werden. Jeder Mitlesende hat das Recht, diese Aussage als „unempathisch", „grob" oder „widerwärtig" zu kritisieren. Auch das ist Teil der Meinungsfreiheit. Es ist übrigens auch das gute Recht der Zeitungsredaktion, die dieses Leserforum betreibt, einen solchen User auszusperren. Niemand wird gezwungen, in seinen digitalen Räumlichkeiten Menschen eine Bühne zu geben, deren Aussagen er zutiefst problematisch findet. Gleichzeitig erlaubt die Meinungsfreiheit diesen ausgesperrten Usern weiterzuziehen, in anderen Zeitungsforen solche Aussagen zu tätigen oder sogar ein eigenes Forum zu gründen. Das Faszinierende am Internet ist: Man wird für jede Meinung, egal wie ungewöhnlich oder skurril, irgendwo eine passende Diskussionsecke finden. Allerdings sind Medien nicht verpflichtet, jeder noch so abwegigen oder gar rabiaten Haltung ein Forum zu geben.

Dazu hat auch neulich Florian Harms, Chefredakteur von „Spiegel Online", ein Video auf Facebook publiziert. In diesem liest er grob beleidigende Kommentare vor. Ein User meint beispielsweise: „Ja wo sind Sie jetzt denn , die ganzen läufigen Winkweiber vom letzten Sommer, die Moslems Wilkommensruferinnen!!!!!!" Eine Leserin schreibt über Dänemark: „Im letzten Jahr wurde hier in DK eine Frau von einem Schwarzen angegriffen und schrie. Männer die das hörten haben den Typen zusammengeschlagen! Ein halbes Jahr lag der im Koma! So geht das." Und ein dritter erklärt: „Dafür ist die gesamte deutsche Presse in der Welt bekannt. Nicht berichten, sondern manipulieren. Linke eben. Alles, was nicht auf der Gleichschaltung mitschwimmt wird angegriffen, lächerlich gemacht, an den Pranger gestellt. Und das kotzt immer mehr Menschen an. Zum Glück."

Im Video erklärt Chefredakteur Harms daraufhin: „Solche Kommentare erreichen uns im ‚Spiegel Online'-Forum jeden Tag. Und die löschen wir. Und das ist keine Zensur. Sondern das ist richtig so. Jeder darf in Deutschland seine Meinung frei äußern, das ist ein kostbares Recht von uns Bürgern gegenüber dem Staat. Das heißt aber nicht automatisch, dass man als Leser das Recht hat, auf einer Nachrichtenseite wie Spiegel Online im Forum oder auf der Facebook-Seite Hass, Beleidigungen und Verleumdungen zu verbreiten. Dafür ist bei uns schlicht kein Platz."[79]

Zu Recht will eine Redaktion wie „Spiegel Online" nicht auf einer solchen Ebene diskutieren. Im Beitrag nennt Florian Harms auch das Wort „Zensur". Tatsächlich kommt häufig der Vorwurf, Medien würden Zensur betreiben, wenn sie einzelne Leserkommentare löschen. Auch das ist ein grobes Missverständnis, was Zensur bedeutet. Der Begriff Zensur beschreibt vor allem eine staatliche Kontrolle von Informationen, beispielsweise wenn eine Publikation aus politischen Gründen nicht gedruckt werden darf oder beschlagnahmt wird. Es ist keine Zensur, wenn Zeitungsredaktionen nicht jeden Kommentar freischalten oder wenn im Fernsehbericht nicht jedes einzelne Detail vorkommt, das einem persönlich wichtig erscheint.

Es wäre sogar das Gegenteil eines demokratischen Freiheitsverständnisses, dürften Medien nicht für sich selbst entscheiden, welche Informationen sie berichten oder welchen Usern sie ein Forum bieten. Stellen Sie sich nur vor, wie absurd es wäre, müsste „Spiegel Online" tatsächlich jede verletzende oder skurrile Wortmeldung stehenlassen. Das

Schöne an der Demokratie ist, dass Medien nicht verpflichtet sind, jeden eingereichten Kommentar auch Raum und Gehör zu geben. Gleichzeitig kann aber jeder Bürger aussuchen, welches Medium er konsumiert. Sollte ihm gar kein Medium gefallen, darf er sogar selbst eines gründen. Nur: Wenn jemand auf einer Nachrichtenseite, die er verachtet, eine Wortmeldung hinterlässt, die die Redaktion beschimpft, muss die Redaktion dies nicht stehenlassen. Die Meinungsfreiheit inkludiert nicht das Recht, an jedem Ort zu jeder Zeit Gehör zu finden. Auch wenn Sie ein Facebook-Profil besitzen, ein Blog betreiben oder über eine Webseite verfügen, dürfen Sie die Rahmenbedingungen dort vorgeben – Sie dürfen definieren, welchen Umgangston sie adäquat finden. Sollte daraufhin bei Ihnen jemand aggressiv auftreten und dann auf die eigene Meinungsfreiheit pochen, empfehle ich Ihnen die Antwort: „Du hast etwas falsch verstanden: Du berufst dich auf deine Meinungsfreiheit. Aber die Meinungsfreiheit schützt dich nicht vor Kritik – sie ist auch kein Freibrief für rüpelhaftes Verhalten." Sollte Ihnen jemand vorwerfen, Zensur zu üben, können Sie außerdem einwerfen: „Es gibt kein Grundrecht darauf, andere Menschen zu beleidigen."

7. SILENCING – DIE ERZWUNGENE STILLE

Trolle und Glaubenskrieger pochen gerne und häufig auf ihre Meinungsfreiheit. Sie versuchen damit zu verhindern, dass sie nach einer aggressiven oder erlogenen Wortmeldung aus einem Diskussionsraum rausgeworfen werden. Diese Taktik funktioniert oft, weil seit jeher die Meinungsfreiheit im Netz einen hohen Stellenwert hat – und weil dies mitunter so weit ausgereizt wird, bis Gemeinschaften unter der Last der Aggressionen zusammenbrechen.

Tatsächlich ist die Geschichte des Internets zugleich eine Geschichte des Kampfs gegen Trolle und Glaubenskrieger. Mit der Zeit kamen immer mehr Sicherheitseinstellungen und Tools hinzu, um sich vor besonders rüpelhaften Nutzern zu schützen. Ein wesentliches Beispiel hierfür ist „CommuniTree". Es war eines der ersten digitalen Diskussionsforen – diese Seite gab es schon, lange bevor das World Wide Web im Jahr 1989 erfunden wurde.

In den 1970er-Jahren gründeten ein paar Cyberhippies die Seite „CommuniTree". Der Name setzt sich aus den Wörtern „Community" (Gemeinschaft) und „Tree" (Baum) zusammen. Generell wollten die Mitglieder dieses Forums anspruchsvolle, aufgeschlossene Diskussionen führen, bei denen jedem möglichst viel Respekt entgegengebracht und keiner in seiner Redefreiheit eingeschränkt wird. Dementsprechend gab es in dieser Community keine Moderationstools, selbst die Seiten-Administratoren konnten problematische Kommentare nicht löschen. Mit einem hatten die Macher der CommuniTree aber nicht gerechnet:

Mit aufdringlichen Teenagern. Ab den 1980er-Jahren bekamen auch amerikanische Highschools Zugang zum Internet, Apple hatte einen Steuerdeal mit der US-Regierung abgeschlossen und etlichen Schulen Computer geschenkt. Einige Schüler fanden daraufhin das Forum von Communi-Tree und sie verwendeten dieses wie manche Jugendliche die Klowand nutzen: Sie hinterließen dort obszöne Botschaften. Sie brauchten sogar den ganzen Speicherplatz der Seite auf, indem sie möglichst viele Beschimpfungen und Fäkalausdrücke hinterließen. Damals war Speicherplatz noch eine überaus kostbare Ressource; die CommuniTree hatte lediglich 300 Kilobytes zur Verfügung, das sind 0,3 Megabytes – aus heutiger Sicht ist es nahezu unvorstellbar, dass man mit so wenig Speicherplatz überhaupt eine Diskussionsseite betreiben konnte. Selbst ein digitales Foto, das man am Smartphone aufnimmt, umfasst heutzutage schon meist mehr als ein Megabyte. Mehrfach musste die CommuniTree als Ganzes neu aufgesetzt werden, um all die Fäkalausdrücke der Teenager wegzubekommen. Das dauerte dann jeweils Stunden. Auch gelang es den Jugendlichen wiederholt, das System zum Einsturz zu bringen. Nach mehreren Versuchen die Seite zu retten, gaben die Betreiber schließlich klein bei. Sie hatten nicht genügend Sicherheitsmechanismen eingebaut. Die Medienforscherin und Künstlerin Sandy Stone war damals selbst dabei und hat dies als wichtigen Moment in der Geschichte des Internets bezeichnet. Sie schrieb dazu: „Das Zeitalter der Überwachung und sozialen Kontrolle hatte die elektronische virtuelle Community erreicht." Ab diesem Moment war klar, dass man notfalls Beiträge auch löschen und problematisches Verhalten abwehren können müsse.[80]

Dieses Beispiel zeigt anschaulich die guten Absichten und die hehren Ideale der frühen Netzkultur – die bis heute den digitalen Ethos prägen. Und zum anderen sieht man hier exemplarisch, wie Trolle seit jeher exakt diese Ideale und Grundsätze für sich nutzbar machen. Speziell in der Frühphase des Webs war eine ungeheure Aufbruchsstimmung spürbar. Auch herrschte großer Optimismus, wie sich die Digitalisierung auf die demokratische Debatte auswirken würde. Mein liebstes Beispiel hierfür ist ein Zitat des Sozialwissenschaftler und Netzpionier Howard Rheingold, ein zutiefst sympathischer Amerikaner, der im Jahr 1993 voller Hoffnung schrieb: „Da wir einander nicht sehen können, können wir auch keine Vorurteile über andere bilden, bevor wir gelesen haben, was sie mitteilen wollen: Ethnische Zugehörigkeit, Geschlecht, Alter, nationale Abstammung und die äußere Erscheinung werden nur bekannt, wenn jemand diese Merkmale angeben will."[81]

Howard Rheingold sprach in dieser Passage genau jene Hoffnung aus, dass online eine bessere Diskussionskultur möglich sein müsste. Menschen würden vorurteilsfreier kommunizieren, weil sie gar nicht erkennen können, welche Hautfarbe oder Geschlecht das Gegenüber hat. Jedoch – das wissen wir heute – ist dies nicht oder nur zu einem geringen Teil eingetreten. Menschen hören nicht auf, Rassisten, Sexisten oder aus anderen Gründen unangenehme Zeitgenossen zu sein, wenn sie den anderen nicht sehen. Gerade die Unsichtbarkeit im Netz bringt auch Schattenseiten mit sich, sie wirkt sich enthemmend auf die Debatte aus. Wenn man das Gegenüber nicht sieht, tut man sich umso leichter, dieses auch zu verletzen. Es ist auch einfacher, jemanden zu beleidigen, wenn man ihm beispielsweise dabei nicht in die Augen sehen muss.

Ein weiteres Detail irritiert mich an dem Zitat von Rheingold noch mehr: Er erklärt (mit den besten Absichten), dass sich Menschen keine Vorurteile bilden können, wenn sie ihr Gegenüber nicht sehen. Das erscheint mir zumindest ein zu niedriger Anspruch an unsere Gesellschaft. Ich will als Frau nicht nur dann mit Respekt behandelt werden, wenn mein Gegenüber glaubt, ich sei vielleicht ein Mann. Ich will nicht verbergen müssen, wer ich bin, um geschätzt zu werden. Und ebensowenig sollen dies Menschen mit dunkler Hautfarbe oder mit Vorfahren in anderen Kontinenten tun müssen, wenn sie Respekt wollen. Verbergen zu müssen, wer man ist und woher man stammt, ist das Gegenteil einer vorurteilsfreien Gesellschaft.

Seit Beginn der digitalen Vernetzung herrscht die Vorstellung, dass das Internet ein egalitärer Raum sei. Also ein Raum, in dem alle Menschen gleich viel Gehör fänden, gleich behandelt würden und gleiche Chancen auf Respekt hätten. Das ist dezidiert und bedauerlicherweise nicht der Fall.

Das Internet – speziell die Diskussionsräume im Web – bietet oft überhaupt keine egalitären Bereiche. Häufig sind aufdringliche User sichtbarer als zurückhaltende User, was auch an der chronologischen Reihung von Kommentaren liegt. Technisch werden nämlich jene bevorzugt, die einfach die anderen zutexten statt zuhören wollen. Auch habe ich zu Beginn dieses Buchs bereits erwähnt, dass ausgerechnet deftige Kommentare oft mit Likes belohnt werden. Und je mehr Likes ein Beitrag erhält, desto mehr Menschen blendet der Facebook-Algorithmus diesen Beitrag ein. All dies führt dazu, dass zurückhaltendere, sprödere oder weniger wütende

User mitunter weniger Aufmerksamkeit bekommen; technische und menschliche Faktoren führen online dazu, dass es die Rüpel einfacher haben.

Es gibt noch ein Problem: Besonders Frauen bekommen zu spüren, dass das Internet kein egalitärer Raum ist. Sie erleben dort eine ganz spezielle Form der Aggression. Sowohl Männer als auch Frauen sind vom Hass im Netz betroffen, nur bei Frauen ist dieser Hass oftmals noch persönlicher, privater und speziell sexualisierter. Im Deutschen werden Userinnen auf sozialen Medien beispielsweise häufig als „Schlampe" oder „Trampel" bezeichnet; im Englischen „slut" oder „whore" genannt. Der britische Think-Tank Demos analysierte, wie oft zwischen dem 9. Jänner und 4. Februar 2014 die Worte „slut" und „whore" auf Twitter fielen: mehr als sechs Millionen Mal. Und ein Fünftel davon waren Drohungen. Zum Beispiel schrieb ein Account einer Frau: „you stupid ugly fucking slut I'll go to your flat and cut your fucking head off you inbred whore." Mit sehr vielen Kraftausdrücken wird der Frau hier damit gedroht, dass ihr der Kopf abgeschnitten wird.[82]

Bei vielen dieser harten Kommentare geht es auch darum, Frauen ihre vermeintlich angemessene Rolle in der digitalen Debatte zu signalisieren. Und je deutlicher und entschiedener Frauen gegen solchen Formen des Sexismus antreten, desto höher wird die Chance, dass sie komplett niedergemacht werden. Dies zeigte bereits der Fall der Feministin Anita Sarkeesian, die eine Serie zu Rollenklischees in Videospielen aufnahm – und hierfür Mord- und Vergewaltigungsdrohung erhielt. In nur einer Woche bekam sie insgesamt 157 äußerst verletzende Tweets, wie im vorigen Kapitel geschildert.

Der Versuch, Menschen mit aggressiver Sprache so lange einzuschüchtern, bis sie nicht mehr das Wort ergreifen, nennt sich „Silencing". Silencing gibt es auch im deutschen Sprachraum. Zum Beispiel bekommen deutschsprachige Feministinnen anonyme E-Mails zugeschickt, in denen fiktive Vergewaltigungsszenen detailiert beschrieben werden. „Du schreist und brüllst und heulst verzweifelt, als das harte Leder zielsicher sein Ziel zwischen deinen Schenkeln trifft. (...) Genüsslich tränkt er das Tuch mit Alkohol und drückt es auf deine blutenden Wunden. Mit aller Macht dringt der brennende Schmerz jetzt tief (...) in deine Fotze ein", so lesen sich mitunter Nachrichten, die im digitalen Postfach von Frauen landen, die sich für Gleichstellung einsetzen.

Natürlich erzeugt dieser Hass Wirkung: Feministisch eingestellte Frauen denken mitunter drei Mal darüber nach, ob sie sich wirklich online zu Wort melden sollen oder ob ihnen das alles schlicht zu mühsam wird. Nach Workshops oder Vorträgen kommen mitunter besorgte Teilnehmerinnen zu mir und fragen mich, wie sie ihre Privatsphäre schützen können. Das Internet ist kein egalitärer Raum, in dem alle die gleichen Erfahrungen sammeln oder dieselben Entfaltungsmöglichkeiten haben.

Frauen, die Migrationshintergrund haben oder lesbisch sind, erleben das umso stärker. Die ZDF-Moderatorin Dunja Hayali erhielt Anfang 2016 die „Goldene Kamera" in der Kategorie „Beste Information". In ihrer Arbeit hat sie auch viel über den rauen Ton in unserer Gesellschaft berichtet. Sie hielt eine beeindruckende Dankesrede, in der sie sagte: „Ihr habt mich immer wieder gefragt: Warum tust du dir das mit dem Hass in den sozialen Medien aber auch in den Leserbriefen an? Erstens gibt's auch schöne Dinge da zu lesen, aber ich setze einfach wirklich immer noch auf den – naiver Weise vielleicht – auf den Dialog. Mich interessieren andere Meinungen, andere Argumente, auch zur Selbstreflexion. Aber was da gerade abgeht, ist mit ‚Verrohung von Sprache' überhaupt nicht mehr zu beschreiben. Bedrohung, Beschimpfung, Beleidigung, Vergewaltigungswünsche, keiner hört keinem mehr zu, Worte werden einem im Mund verdreht, aus dem Zusammenhang gerissen. Und wenn man nicht die Meinung des Gegenübers widerspiegelt, dann ist man ein ‚Idiot', eine ‚Schlampe', ein ‚Lügner' oder ‚total ferngesteuert'. Und ich weiß, dass diese Erfahrung auch andere Menschen machen. Und das Schlimme ist, dass sich dieser Hass jetzt auch auf der Straße widerspiegelt. Journalisten werden angegriffen. Mir hat letztens nach dem Einkauf jemand ins Gesicht geschrien: ‚Du Lügenpresse, du Lügenfresse'. Das macht keinen Spaß. Glaubt eigentlich irgendjemand, dass das irgendetwas bringt, dieser ganze Hass?"[83] Hayali, die homosexuell ist und deren Eltern aus dem Irak stammen, wird online mitunter als „Asylantenlesbe" beschimpft. In einem Interview mit dem „Stern" brachte sie einen wichtigen Gedanken auf den Punkt: Auch wenn ein solcher Sexismus, eine Homophobie oder Fremdenfeindlichkeit in Menschen stecken mag, wird das respektvolle Zusammenleben nicht gerade erleichtert, wenn Menschen ihre dunkelsten Gedanken auch noch permanent aussprechen wollen. Oder wie es Hayali in dem Magazin sagte: „Früher war es mir im Übrigen lieber, die Leute sagen mir offen ins Gesicht, was sie an mir stört, ob es um meine Tätowierungen geht, die Homosexualität, den Migrationsvordergrund. Inzwischen denke ich manchmal:

Spar's dir doch einfach, wenn es so unter die Gürtellinie geht. Lass mich in Ruhe, ich lass dich in Ruhe.‟[84]

All diese Aggression, die Frauen erleben und auch bei anderen Frauen beobachten, ist mit ein Grund, warum Userinnen an manchen politischen Debatten seltener teilnehmen oder ihr Geschlecht verschleiern. Sogar auf renommierten und gut moderierten Seiten ist der Frauenanteil überraschend niedrig: Die Wissenschaftlerin Emma Pierson, die früher an der Oxford University forschte und heute in Stanford ist, hat beispielsweise die Leserkommentare der „New York Times‟ analysiert. Sie wertete fast 900.000 Wortmeldungen aus, die zwischen Juni 2013 und Jänner 2014 dort verfasst und veröffentlicht wurden. Unter jenen Nutzeraccounts, deren Geschlecht sich eindeutig erkennen ließ, waren nur 27,7 Prozent Frauen. Auch kommentierten diese Leserinnen weniger als Männer, so stammen gerade einmal 24,8 Prozent der Beiträge von Frauen. Eine deutliche Verzerrung verglichen mit der Printausgabe. Bei dieser sind 44 Prozent der Leser der „New York Times‟ weiblich. Die Studie hat außerdem gezeigt, dass Frauen eher ihre Identität verschweigen als Männer. Sie gaben wesentlich seltener ihren Nachnamen an oder nannten nur die Initialen. Die Forscherin Pierson notiert dazu: „Dies könnte auf weniger Behaglichkeit im Forum hinweisen: entweder damit, dass sie als Frau identifiziert werden, oder dass ihre gesamte Identität bekannt wird.‟[85] Dabei bekamen Frauen durchaus Zuspruch: Die wenigen weiblichen Kommentatoren, die Pierson im Forum fand, erhielten interessanterweise häufiger positive Bewertungen als männliche User – sogenannte „Leserempfehlungen‟.

Warum ist es dermaßen bedenklich, wenn Frauen weniger an der politischen Debatte im Internet teilhaben? Ganz einfach: Weil damit eine wichtige Perspektive ausgeblendet wird. Piersons Studie zeigte ebenfalls, dass Nutzerinnen online andere Positionen beziehen: In den USA gab es beispielsweise im Herbst 2013 eine Debatte über die Gesundheitsversicherungen, die einige Arbeitgeber ihren Mitarbeitern anbieten. Konkret wurde die Frage diskutiert, ob der Arbeitgeber im Rahmen dieser Versicherung auch für einen Teil der Verhütungskosten aufkommen muss. Bei diesem Thema nehmen Frauen und Männer mitunter auch deswegen andere Positionen ein, da die Kosten für Verhütung nicht gleich zwischen den Geschlechtern verteilt werden, oftmals zahlen Frauen für die Pille. Über dieses Thema diskutierten auch die Leser der „New York Times". Jeder vierte Mann sprach sich dagegen aus, dass der Arbeitgeber Verhütung mitbezahlen soll. Jedoch keine einzige Frau sah dies so.[86]

Wenn Userinnen weniger das Wort ergreifen, ist die Sichtweise von Frauen im Vergleich zu jener von Männern also unterrepräsentiert. Und wenn Nutzerinnen eher unter geschlechtsneutralen Pseudonymen mitkommentieren, hat dies auch eine Schattenseite: In der Diskussion ist nicht sichtbar, dass auch Frauen wesentliche Aspekte zur Debatte beitragen. Heranwachsenden Mädchen fehlt es mitunter noch an definierten Rollenbildern. Sie sehen dann weit mehr Männer, die bei gewissen Themen das Wort ergreifen. Dabei ist das Beispiel der „New York Times" sogar noch harmlos: Unter den Accounts mit identifizierbarem Geschlecht sind 27,7 Prozent Frauen und 72,3 Prozent Männer. Das ist verglichen mit einigen anderen Seiten eine vergleichsweise starke Durchmischung. Eine interne Befragung der Helfer der Wikipedia fand im Jahr 2011 heraus, dass nur neun Prozent von ihnen Frauen sind. Neun von zehn Menschen, die die Online-Enzyklopädie Wikipedia bearbeiten, sind Männer.[87]

Warum eigentlich sind so wenige Frauen bei der Wikipedia aktiv und arbeiten für diese Seite? Für das Einsammeln von Spenden und die Finanzierung der Infrastruktur des Online-Lexikons ist die Wikimedia-Foundation zuständig, eine gemeinnützige Stiftung. Im Jahr 2011 hat Sue Gardner, damals die Geschäftsführerin der Stiftung, neun Gründe zusammengetragen, mit denen Frauen erklären, warum sie bei der Wikipedia nicht mitarbeiten wollen. Es handelt sich hier um keine wissenschaftliche Studie, sondern eher um eine persönliche Beobachtung. Frauen erklärten demnach online, dass sie nicht bei der Wikipedia mitarbeiten:

... weil die Bedienoberfläche nicht gerade userfreundlich ist.
... weil sie nicht genügend Zeit dafür haben.
... weil sie sich nicht selbstsicher genug dafür fühlen.
... weil ihnen die Diskussionskultur auf der Wikipedia zu konfliktgeladen scheint.
... weil ihre Änderungen dann wieder zurückgesetzt oder gelöscht wurden.
... weil ihnen die Atmosphäre insgesamt zu frauenfeindlich wirkte.
... weil ihnen dort sexistische Inhalte (Bilder) unterkamen.
... weil sich auch die Sprache dort eher an Männer richtet, indem eher User statt Userinnen angesprochen werden.
... weil ihnen die Wikipedia-Gemeinschaft nicht so umgänglich wie jene auf anderen Webseiten erscheint, bei denen eine stärkere Willkommenskultur herrscht.[88]

Obwohl dieser Liste keine wissenschaftliche Untersuchung zugrunde liegt, liefert sie einen interessanten Einblick, warum Frauen auf manchen Webseiten seltener das Wort ergreifen. Einer dieser Gründe ist das aggressive Diskussionsklima. Frauen meiden tendenziell eher digitale Communitys, in denen ein raues Kommunikations-Klima herrscht: Die Wikipedia ist eindeutig ein solcher Ort. Dort werden mitunter irrelevante Fakten oder Nebensätze mit einer Aggression diskutiert, die Außenstehende verblüfft. Insgesamt scheint dort kein Klima zu herrschen, in dem sich viele Frauen wohl fühlen. Die Wikimedia-Stiftung versucht seit 2011, den Frauenanteil der Wikipedia auf 25 Prozent zu heben – und scheitert.[89]

Natürlich wirkt sich auch das auf die Inhalte der Wikipedia, immerhin der wichtigsten Wissensseite unserer Zeit, aus. Im Jahr 2013 deckte die „New York Times" auf, dass US-Schriftstellerinnen schrittweise von dem englischsprachigen Wikipedia-Eintrag zu „American Novelists" verschwanden. Beginnend mit den Buchstaben A und B wurden Frauen aus dieser Liste gestrichen. Die Recherche ergab, dass einer Handvoll Wikipedianern die Gesamtliste zu lang erschien – und im Sinne einer simplen Lösung entschieden sie sich, einfach schrittweise Frauen von der Liste amerikanischer Schriftsteller zu streichen. Wohlgemerkt: Sie durften dann doch noch in einer Unterkategorie namens „American Women Novelists" vorkommen. Eine Untergruppe für „American Men Novelists" gab es hingegen nicht. Alle Männer durften einfach im Haupteintrag bleiben.[90] Grotesk, aber wahr!

Der Bericht der „New York Times" sorgte für Furore in der Literaturbranche. Sogar weltberühmte Autorinnen wie

Harper Lee („To Kill A Mockingbird") waren von der Liste gestrichen worden. Die Wikipedianer rückten nach Offenlegung und all der berechtigten Aufregung von dieser Praxis wieder ab: Schriftstellerinnen durften erneut in den allgemeinen Lexikon-Eintrag, die umstrittene Praxis des Ausgliederns von Autorinnen endete.

Gerade der Aspekt der Sichtbarkeit ist hier bedeutend: Jahrhundertelang kämpften Frauen dafür, einen Platz in der öffentlichen Debatte zu bekommen. Umso problematischer mutet es an, wenn nun beispielsweise zu beobachten ist, dass namhafte Autorinnen in der Wikipedia in einen Untereintrag verschoben werden. Umso problematischer ist es auch, wenn jede feministische und gut sichtbare Internetuserin damit rechnen muss, als „Schlampe" bezeichnet zu werden. Die Illusion, dass das Netz ganz automatisch ein egalitärer Raum sei, birgt in sich die Gefahr, dass solche Diskriminierungen nicht ernstgenommen werden.

Sich nicht mundtot machen lassen

Hass ist nicht gleichmäßig auf die Gesellschaft verteilt. Er nimmt auch unterschiedliche Formen an, je nachdem, welche Gruppen er betrifft. Bei Frauen ist die Aggression häufig sexualisiert, mitunter werden sie allein schon für die Tatsache kritisiert, eine Frau zu sind. Auch können wir online beobachten, wie manche Randgruppen besonders viel Wut abbekommen und wie ihnen gegenüber Empathie zur kostbaren Mangelware wird. Dies sehen wir in der Flüchtlingsdebatte deutlich. Online werden nicht nur Randgruppen niedergemacht, sondern beispielsweise auch Menschen, die die Rechte dieser Gruppen verteidigen. Einfach gesagt: Wer nicht mitschimpft, ist bereits der Feind. Das passt zur Logik der Glaubenskrieger, die einem einfach stur gestrickten „Wir gegen die"-Schema folgt.

Vielleicht erinnern Sie sich noch an die Facebook-Userin auf der CDU-Seite: Sie hatte es gewagt, einem bekennenden AfD-Wähler dort die Meinung zu sagen. Prompt hagelte es für sie Beleidigungen. Sie wurde als „Dummbratze" oder als „manipuliert" bezeichnet – direkt auf der CDU-Seite. Hier lässt sich beobachten: AfD-Wähler suchen die Seite einer Partei auf, die sie inhaltlich ablehnen und teilen dort Beschimpfungen für Bürger aus, die womöglich Wähler der CDU sind. Wer die Haltung der deutschen Kanzlerin Angela Merkel gegenüber Flüchtlingen gut findet, muss selbst auf der Seite ihrer eigenen Partei damit rechnen, eine Dummbratze genannt zu werden. Auch das ist Silencing: Mit viel Aggression wird versucht, Menschen davon abzuhalten, das Wort zu ergreifen. Ein altbewährtes Mittel von Glaubenskriegern: Sie versuchen, besonders viele Diskussionsräume einzunehmen und zeichnen sich durch einen explizit harten Ton gegenüber Andersdenkenden aus.

Was können die betroffenen Gruppen daraufhin tun? Das Allerwichtigste ist, sich nicht wegdrängen zu lassen – zumindest nicht von zentralen Orten der politischen Debatte: dazu zählen auch die stark frequentierten Leserforen und Facebook-Seiten großer Medien. Hier ist es äußerst bedenklich, wenn eine besonders lautstarke Minderheit den Umgangston zunehmend harscher macht und auch eine Verzerrung in der öffentlichen Debatte stattfindet. Nehmen wir noch einmal das Beispiel der „Alternative für Deutschland": Deren Wähler bezeichnen sich gerne als „schweigende Mehrheit". Sie sind aber weder schweigend – noch eine Mehrheit. Selbst wenn in einzelnen deutschen Bundesländern mehr als 20 Prozent der Bürger diese Partei wählen, wie dies im März 2016 in Sachsen-Anhalt der Fall war, ist das noch lange keine Mehrheit. Ähnlich in Österreich: Da sind die Freiheitlichen sowohl in Umfragen als auch im Internet äußerst stark, sie sind auch online sichtbarer als andere Parteien. Doch die Mehrheit der Bevölkerung wählt die Rechtspopulisten trotzdem nicht. Es ist eine Verzerrung der Realität, wenn in manchen Leserforen oder Fanpages großer Medien der Eindruck entsteht, dass das gesamte Land nach rechts kippt. Das stimmt in dieser drastischen Form nicht – dieses Gefühl wollen Rechtspopulisten und ihre Anhänger nur ständig vermitteln.

Sich gegen Silencing zu wehren, bedeutet auch, eine bewusste Verzerrung in der öffentlichen Debatte zu verhindern. Sich dementsprechend nicht von einer überschaubaren, aber umso lauteren Gruppe frustrieren zu lassen – oder zumindest auf diese Aggression hinzuweisen. Das Aufzeigen von Hass ist eine zentrale Taktik gegen ebendiesen. Es gibt bereits im deutschsprachigen Raum einige Webseiten, die einfach nur Hasskommentare herzeigen: Eine der ersten war hatr.org, seit 2011 werden dort antifeministische, sexistische und rassistische Wortmeldungen aufgelistet.[91] Diese Darstellung des geballten Hasses ist eine probate Form der Notwehr: Denn aus dem Kontext gerissen und neben anderen Hasskommentaren aufgelistet, tun solche Wortmeldungen weniger weh; die einzelnen Betroffenen sehen auch, dass sie mit solchen Anfeindungen nicht alleine bleiben, und dass es oft gar nicht um sie persönlich geht, sondern um ein gröberes gesellschaftliches Problem.

Um auch die Aggression gegenüber Migranten und Asylwerbern aufzuzeigen und anzukreiden, gibt es Seiten wie „Perlen aus Freital" oder „Eau de Strache". Die „Perlen aus Freital" sind ein deutsches Blog, das rassistische Facebook-Kommentare auflistet. Man liest dort Beiträge, die Moslems als „Scheiß Eselficker" bezeichnen oder geschmacklose Witze über die SS machen.[92] Ein User postete beispielsweise das Bild einer SS-Kappe mit dem berüchtigten Totenkopf darauf. In dieses Bild wurde auch folgender Satz in Großbuchstaben eingefügt: „LIEBE FLÜCHTLINGE, AN DIESEN MÜTZEN ERKENNEN SIE IHREN SACHBEARBEITER."[93] Die „Perlen aus Freital" verstehen sich als Prangerseite: Wenn sie solch herabwürdigende Postings thematisieren, zeigen sie dabei auch den vollen Namen an, den die jeweilige Person auf Facebook angegeben hat. Wie weit Bürger beim Ankreiden von rassistischen Äußerungen gehen sollen, ist ein großes Streitthema. So kam es auch schon dazu, dass Menschen ihren Arbeitsplatz verloren, weil ein hetzerischer Kommentar dem Unternehmen gemeldet wurde.

Nicht alle Seiten, die Rassismus aufzeigen, nennen den vollen Namen der jeweiligen Urheber. In Österreich gibt es das Blog eaudestrache.at. Es sammelt herabwürdigende User-Kommentare auf Facebook-Seiten von FPÖ-Politikern wie etwa Heinz-Christian Strache, die Nachnamen der Verfasser werden aber anonymisiert. Ein Fritz W. wird dort beispielsweise zitiert mit dem Satz: „Das hirn sollns denen asylantenpack einhaun."[94] Blogs wie „Eau de Strache" oder „Perlen aus Freital" sind deswegen wichtig, weil sie die Drastik der Situation klarmachen: Viele Wortmeldungen, die wir online lesen können, lassen sich längst nicht mehr damit erklären, dass Bürger eben „besorgt" seien. Hier wird ganzen Menschengruppen das Recht auf Leben abgesprochen.

Es ist aber auch bei harmloseren Fällen von Aggression sinnvoll, diese zu benennen und zu thematisieren: Einmal habe ich selbst an einem solchen Projekt teilgenommen. Das Frauenmagazin „Wienerin" bat einige Journalistinnen hasserfüllte E-Mails und Kommentare über sich für ein Online-Video vorzulesen. Das Video ist auf der Webseite der „Wienerin" zu finden, hier ein Auszug daraus:[95]

- Corinna Milborn, die Infochefin des Privatsenders Puls 4, las über sich: „Typischer Fall von hochgeschlafen, erst im News-Verlag, dann im ORF, dann bei Puls 4. Man kann sich nur dafür fürchten, wen sich diese Frau als nächstes vornimmt."
- Hanna Herbst, die stellvertretende Chefredakteurin von Vice in Österreich, erhielt dieses Feedback: „Lächerlicher Pseudojournalismus. So viel Dummheit tut weh. Haha! Ist nicht einmal ansatzweise bumsbar."
- Über Olivera Stajić, Chefin vom Dienst beim „Standard", meinte einer: „Beschäftigen Sie Frau Stajic doch lieber in der Putzkolonne als in der Redaktion. Ihresgleichen ist dort besser aufgehoben."
- Madeleine Alizadeh, die als „Dariadaria" bloggt, bekam zu lesen: „Schon wieder so eine junge Dame mit Helfersyndrom, vielleicht will sie einfach nur von einer Gruppe Asylanten durchgevögelt werden, erst dann fühlt sie sich so richtig gut."

- Zur freien Journalistin Olja Alvir hieß es: „Fräulein Alvir ist ganz bestimmt eine Migrantin von der Sorte, wie wir sie hier haben wollen."
- Über die Vice-Redakteurin Verena Bogner wurde geschrieben: „Vice lässt anscheinend nur noch Untermenschen für sich schreiben. Selten so einen derartig langweiligen und dummen Scheiß gelesen. Werd Stripperin oder Nutte oder geh dich einfach weghängen."
- Und hier eine Wortmeldung, die mir ein anonymer Account auf Twitter widmete: „ACHTUNG! @brodnig hat enorm viel Sand in ihrer Vagina!"

So skurril das klingt, es tut einem gut, zu sehen, dass auch andere Journalistinnen absurde Beleidigungen erhalten – einfach weil sie eine Frau sind oder Migrationshintergrund haben. Seit einigen Jahren sind solche Videos, in denen Menschen an sie gerichtete Beschimpfungen vorlesen, extrem populär. Berühmt gemacht hat dieses Format die amerikanische Talkshow „Jimmy Kimmel Live!", in der US-Promis häufig bösartige Tweets vorlesen. Solche Aufnahmen werden oftmals stark weiterverbreitet, weil sie emotionalisieren. Manchmal ist der Hass in seiner Trivialität sogar unterhaltsam. Das Teilen solcher Videos ist aber auch ein Akt der Solidarität. Menschen zeigen damit, dass sie derartige Umgangsformen ebenfalls ziemlich abwegig finden. Es ist eben wichtig aufzuzeigen, dass solche aggressiven Kommentatoren nicht die Mehrheit sind und auch keine mehrheitstaugliche Meinung vertreten.

Zum Schluss in diesem Kapitel noch eine Übersicht, was Betroffene tun können: Nehmen wir an, ein oder sogar mehrere User haben sich online total auf einen eingeschossen und schreiben ständig herabwürdigende Aussagen über Sie. Das Wichtigste ist, dieses Verhalten zuallererst zu dokumentieren. Machen Sie Screenshots von den Wortmeldungen, damit sie die Untergriffe auch gespeichert haben. Im Glossar, ganz hinten im Buch, erkläre ich auch, wie man solche Screenshots – als Fotos vom eigenen Bildschirm – aufnimmt. Im Zweifelsfall ist es besser, zu häufig als zu selten aggressive Wortmeldungen per Screenshot abzuspeichern. Wird man zum Beispiel über längere Zeit hinweg von einem Nutzer gemobbt, ist es gut, diesen Verlauf auch dokumentieren zu können.

Wer online niedergemacht wird, sollte sich Verbündete suchen: Schreiben Sie zum Beispiel in einer privaten Nachricht an Freunde und Bekannte, was Ihnen gerade passiert. Oder weisen Sie öffentlich auf diese Attacken hin, sofern Sie dies öffentlich machen wollen und es sich um öffentlich einsehbare Information handelt. Auf diese Weise werden jene Menschen mobilisiert, die Ihnen den Rücken stärken. Diese Verbündeten können den problematischen User ebenfalls auf Seiten wie Facebook oder Twitter für sein Verhalten melden. Je mehr Personen dies tun, desto höher die Chance, dass er suspendiert wird. Wenn soziale Medien wie Facebook oder Twitter nicht gegen eindeutige Rüpel vorgehen – was mitunter passiert –, ist verbale Unterstützung umso wichtiger. Oft helfen schon Sätze: „Lass dich nicht von so einem Dolm entmutigen!" Solidarität kann in solchen Fällen enorm helfen. Am stärksten belastet Silencing dann, wenn Menschen den Eindruck haben, ganz auf sich alleine gestellt zu sein.

Im Übrigen plädiere ich auch dafür, Menschen zu verteidigen, deren Meinung man nicht teilt. Selbst wenn man jemandem nicht zustimmen mag, kann es dennoch sein, dass die Person unverhältnismäßig grob angesprochen wird. In diesen Fällen könnte man beispielsweise sagen: „Ich stimme XY auch nicht zu, aber vielleicht sollten wir alle ein bisschen respektvoller miteinander diskutieren." Beim Offenlegen von Hass gibt es häufig ein Problem: Den Falschen widerfahren dafür Konsequenzen. Mitunter passiert es auf Facebook, dass nicht die Verfasser von aggressiven Botschaften von der Seite suspendiert werden, sondern deren Opfer. So kam es bereits vor, dass Accounts, die grobe Beleidigungen oder gar Hetze öffentlich machten, vorübergehend dort nicht mehr kommentieren durften – der Journalistin Hanna Herbst geschah dies beispielsweise, nachdem sie den Screenshot einer herabwürdigenden privaten Nachricht verbreitet hatte.[96] Ebenfalls wurden die „Perlen aus Freital" zwischenzeitig gesperrt. Sie hatten Screenshots von privaten Nachrichten veröffentlicht – dies erlaubt Facebook nicht.[97] Wer nicht gegen Facebooks Regeln verstoßen und Untergriffe dort trotzdem sichtbar machen will, kann aber immerhin solche verletzenden Formulierungen ansprechen, ohne die Identität des Urhebers zu nennen.

Es gibt allerdings Wortmeldungen, die dermaßen verletzend sind, dass sie das Opfer nicht wiederholen möchte. Das ist die Entscheidung jedes Einzelnen. Sofern man es erträgt, eine Beleidigung sichtbar zu machen, kann dies eine gute Taktik sein, die vor allem zeigt, dass man sich nicht einschüchtern lässt – und auch nicht verstummt.

8. LÜGENGESCHICHTEN UND FÄLSCHUNGEN

Wir haben nun schon folgende Methoden unfairer Internetnutzer behandelt: Schimpfen, Andersdenkende wegmobben und sich auf die Meinungsfreiheit zu Unrecht berufen, eigentlich hinausreden. Es gibt einen weiteren Trick, den User gerne anwenden, wenn sie andere manipulieren wollen: die Lüge. Sowohl Trolle, die sich an der Wut oder am Leid anderer Menschen erfreuen, setzen dieses Instrument ein, wie auch die Glaubenskrieger, denen es vorrangig um die Verbreitung ihrer „Wahrheit" geht.

Trolle versuchen mit Lügen ahnungslose Internetnutzer in eine Falle zu jagen: Wie schon erzählt, geben sie sich oft als naiver Neuling in einem Diskussionsforum aus und bringen mit ihren vermeintlich ahnungslosen Fragen andere Teilnehmer bewusst auf die Palme. Hierfür müssen sie natürlich das Instrument der Lüge einsetzen. Sie treten bewusst als jemand in Erscheinung, der sie nicht sind. Manche Trolle nutzen auch eine zweite Form der Lüge, die recht gehässig ist: Sie manipulieren User mit einer falschen Behauptung so, dass diese etwas tun, woraus ihnen ein Schaden entstehen kann. Als im Jahr 2013 ein neues Betriebssystem namens iOS 7 für das iPhone herauskam, kursierte im Web eine vermeintliche Werbung von Hersteller Apple, wonach das Gerät mit dem neuen Software-Update wasserdicht werde. Das stimmte natürlich nicht – es ist auch höchst unrealistisch, dass ein Software-Update bewirken kann, dass die Hardware eines Geräts unempfindlich gegenüber Wasser wird. Anscheinend probierten aber einzelne User allen Ernstes aus, ob ihr Handy nun wasserdicht sei. Auf Twitter klagten sie darüber, dass ihr iPhone nun kaputt sei.[98] Im Netz werden solche Aktionen als „Hoax" bezeichnet: Das sind scherzhafte oder bösartige Täuschungen. Nicht jeder Hoax ist so leicht zu durchschauen. Anfang 2016 tauchte erneut eine vermeintliche Werbung von Apple auf: Behauptet wurde, dass eine geheime Funktion in der Software ihres Handys eingebaut war. Wer das Datum des iPhone auf den 1. Jänner 1970 einstellen und dann das Gerät aus- und wieder einschalten würde, könne das Smartphone im 70er-Jahre-Design verwenden. Auch das: ein bösartiger Scherz von Trollen. Sie nutzten hier einen Software-Fehler aus, der das Gerät lahmlegte. Nur Mitarbeiter von Apple konnten es in solchen Fällen wieder reaktivieren.[99] Derartige Trollereien existieren nicht nur rund um teure Mobiltelefone: Online findet man etliche hilfreich klingende Anleitungen, mit denen Menschen beispielsweise ihre teure Spielkonsole dann unwissentlich kaputtmachen oder den eigenen Computer unbenutzbar machen.[100][101] Diese Lügen zeigen einmal mehr, wie sehr Trolle von Schadenfreude und Bösartigkeit angetrieben werden.

Jedoch gibt es aktuell noch eine ganz andere Sorte Lüge, die online für Empörung sorgt. Seit dem Jahr 2014 tauchen in den sozialen Medien gefährliche Behauptungen über Flüchtlinge auf, die erfunden sind, aber von vielen Menschen geglaubt werden. Es handelt sich um politische Lügen, die Glaubenskrieger bewusst streuen. Speziell rechte Hassgruppen und die ihnen nahestehenden Blogs setzen auf diese perfide Methode. Sie verbreiten Schreckensnachrichten, um Angst, Wut und Hass zu schüren.

Nach den Übergriffen in der Silvesternacht 2015 in Köln kursierten online viele Bilder, die angeblich Frauen zeigten, die Flüchtlinge attackiert hatten. In einem Facebook-Eintrag sah man beispielsweise die Gesichter von vier Frauen, die brutal verprügelt worden waren. Daneben stand die Information, es handle sich hier um „junge deutsche Frauen, die Opfer von moslemischen Invasoren" geworden waren. Dies stimmte allerdings nicht: Die Bilder zeigten zwei Engländerinnen, eine Irin und eine Amerikanerin, die teils von anderen Bürgern und teils von ihrem Freund attackiert wurden. Keiner dieser Fälle hatte etwas mit der Debatte um die Silvesternacht in Köln zu tun, wurde aber so inszeniert, wie die Webseite Mimikama.at aufdeckte.[102]

Gewiss: Manche schockierenden Geschichten stimmen tatsächlich. Es gibt unter tausenden von Flüchtlingen natürlich auch jene, die Straftaten begehen. Aber vieles, was online verbreitet und auf Facebook rasant geteilt wird, stimmt eben so nicht. Manche dieser politischen Hoaxes basieren lose noch auf realen Begebenheiten, wurden aber komplett verdreht und verzerrt, andere sind zur Gänze frei erfunden. Das Ziel dieser Falschinformationen ist es, Menschen eine überzogene Angst einzujagen – sie zum Beispiel dermaßen zu verunsichern, dass sie Flüchtlinge in erster Linie als Gefahr und nicht als Menschen sehen. Die Panikmache ist die vorrangige Strategie der Glaubenskrieger: Sie wollen damit Feindbilder verbreiten.

Dass mit Lügen versucht wird, eine Minderheit in Verruf zu bringen, ist alles andere als neu. Eines der bekanntesten und erschütterndsten Beispiele hierfür sind die „Protokolle der Weisen von Zion". Dieses hetzerische Pamphlet, das erstmals

1903 publiziert wurde, sollte Stimmung gegen Juden machen – und war darin äußerst erfolgreich. Das erfundene Schriftstück suggerierte dem Leser, dass er die Mitschrift eines geheimen Treffens jüdischer Führer in den Händen halte und hier Einblick in eine große Verschwörung bekäme. In den vermeintlichen „Protokollen" ist von jüdischen „Geheimbünden" die Rede, die die Parlamente unterwandern, die öffentliche Meinung kontrollieren und die Weltherrschaft an sich reißen wollten. Die „Protokolle der Weisen von Zion" erzielten eine ungeheure Wirkung, weil sie perfekt zum bereits aufkeimenden Antisemitismus zu Beginn des vorigen Jahrhunderts passten und diesen weiter befeuerten. Dieses fiktive Werk wurde zuerst in Russland verbreitet und später auch in etliche Sprachen – auch ins Deutsche – übersetzt. Die Nationalsozialisten kauften sich die Rechte daran. Ab 1934 gehörten die „Protokolle" sogar zum Unterrichtsstoff in den deutschen Schulen. Das Pamphlet diente den Nazis auch zur Legitimierung des Holocaust.[103]

Wer genau hinsah, konnte dabei schon in den 1920er- und 1930er-Jahren die Lüge als solche erkennen. Die Protokolle waren ein recht plumpes Plagiat – im Wesentlichen wurde ein französischer Satire-Text, der nicht antisemitisch war, abgeschrieben und auf antisemitische Rhetorik umgemünzt. Einige Autoren erkannten dies frühzeitig und entlarvten diese Manipulation. Im englischsprachigen Raum zeigte der Korrespondent Philip Graves bereits 1921 auf, dass die „Protokolle" gefälscht waren. In Berlin tat dies der Journalist Binjamin Segel in den Jahren 1924 und 1926 sogar in zwei Büchern – er stieß aber auf taube Ohren. Seine Argumente wurden erst recht als Beweis für die Verschwörung abgetan. Denn Segel war Jude und publizierte in einem jüdischen Verlag. Der Historiker Wolfgang Benz berichtet, dass ihm Antisemiten unterstellten, er wolle „eine Art Schadensbegrenzung im jüdischen Interesse" betreiben.[104] Obwohl es sich bei den „Protokollen" also um eine recht plumpe Fälschung handelte, waren sie dennoch ein effizientes Propagandatool. All jenen, die ihre Wut und ihren Hass auf Juden richten wollten, bot diese Fälschung die willkommene Ausrede und Legitimation, ihren Aggressionen freien Lauf zu lassen. Auch Adolf Hitler bezieht sich in der Hetzschrift „Mein Kampf" auf die „Protokolle".

Die Machtergreifung der Nationalsozialisten im Jahr 1933 in Deutschland erlebte der Autor Segel nicht mehr. Er starb knapp zwei Jahre zuvor. Im Vorwort seines ersten Buchs hatte er bereits sein Entsetzen über die Wirkungskraft dieses Lügenwerks in folgenden Worten ausgedrückt: „Wir sagten uns, es ist überflüssig, gegen dieses dumme Zeug anzukämpfen, das wird über kurz oder lang unter dem Hohnlachen der ganzen Welt zusammenbrechen. Wir haben uns getäuscht. Wir haben die Dummheit und Leichtgläubigkeit der Welt sehr erheblich unterschätzt. Mit diesen ‚Protokollen' hat gleichsam die Geschichte das Experiment gemacht, was man alles in einem aufgeklärten Zeitalter den Massen zumuten darf, die sich rühmen, die Vertreter von ‚Bildung und Besitz' zu sein."[105]

Es ist wichtig, die derzeit kursierenden Lügengeschichten im Internet als das zu benennen, was sie sind: Ein Instrument des Hasses, mit dem erneut gegen eine Menschengruppe gehetzt wird. Wer wissen will, welche Gerüchte in seiner Ortschaft oder Umgebung verbreitet wurden, kann die Webseite hoaxmap.org aufrufen. Bis zum Andruck dieses Buchs waren dort bereits 310 Fälle in Deutschland und Österreich eingetragen – von Kropp, einer Gemeinde im deutschen Norden, bis nach Leibnitz, einer Stadt im österreichischen Süden. In Kropp hieß es, die Kommune hätte Flüchtlingen Prostituierte bezahlt. Das stimmt natürlich nicht, wie die „Schleswiger Nachrichten" berichten.[106] In Leibnitz kursierte das Gerücht, eine Polizistin sei von fünf Flüchtlingen brutal vergewaltigt worden, was die Polizei deutlich dementierte. Dies entbehre jeder Grundlage, zitierte beispielsweise der „Standard" den Sprecher der steirischen Landespolizeidirektion.[107]

Eine Webseite, die einen ungeheuren Beitrag zur Aufklärung solcher Lügengeschichten leistet, ist Mimikama.at, man kann sie gewissermaßen eine österreichisch-deutsche Kooperation nennen. Im Jahr 2011 gründete der Österreicher Tom Wannenmacher diese Seite, die zu Beginn nichts mit der Flüchtlingsthematik zu tun hatte, sondern lediglich vor Betrügereien und Streichen in den sozialen Netzwerken warnte. „Anfangs behandelten wir reine Falschmeldungen auf Facebook. Vieles davon waren Kettenbriefe oder Viren, vor denen ich warnen wollte", erzählt Wannenmacher. Heute hat Tom Wannenmacher einen Kollegen, den Deutschen Andre Wolf. Mit dessen Unterstützung sowie einer weiteren Halbtageskraft und etlichen Helfern im Internet recherchieren sie, welche Hoaxes im Netz gerade kursieren. Sie decken unseriöse Meldungen auf Facebook, im Web, auf Messenger-Diensten wie WhatsApp sowie in E-Mails auf. Wie erwähnt, war dies anfangs ein unpolitisches Unterfangen: Da ging es beispielsweise um unseriöse Gewinnspiele, bei denen es nichts zu gewinnen, sondern nur Daten zu verlieren gab.

Im Frühjahr 2014 änderte sich aber etwas in den sozialen Medien: Sie wurden zunehmend zu einer Desinformationsschleuder. „Wir sahen das ab 2014: Es begann mit Geschichten, wonach Flüchtlinge Ebola nach Europa bringen würden. Zuerst hieß es, sie würden Ebola nach Italien einschleppen. Später war auch von Deutschland die Rede. Bis dahin hatten wir nicht solche Fälschungen beobachtet", erzählt Andre Wolf. Schon damals wurde sichtbar, dass dieses Thema viele Menschen beunruhigte – solche Schreckensmeldungen ernteten viele Likes und wurden stark geteilt. Im Juli 2014 schrieb Wolf den ersten Text über diese Thematik, er hat den Titel: „Politisch motivierte Diffamierung: Malaria und Hepatitis E durch Asylanten eingeschleppt."[108] In den Monaten darauf wurde es nur noch schlimmer. „Ab 2015 gab es dann richtig viele Fälschungen. Anfangs waren sogar 90 Prozent der Meldungen, die wir überprüften, falsch", erzählt Wolf. Eines der Blogs, das häufig mit unseriösen Berichten auffällt, heißt Netzplanet. Auf den ersten Blick schaut es ein wenig wie eine normale Nachrichtenseite aus, im blauen Logo ist die Weltkugel zu sehen. Mit journalistischen Kriterien hat all dies aber kaum etwas zu tun. Zum Beispiel bringt der Netzplanet gerne sogenannte „Leserkommentare". Diese Texte tragen Titel wie: „Leserkommentar: Das Asylanten-Fass läuft über."[109] Oder: „Leserkommentar aus Schweden: Nicht mehr lange, dann wird im ganzen Land die Hölle losbrechen".[110] Hier werden allerlei Behauptungen aufgestellt, wie schlimm die Situation angeblich in Staaten wie Deutschland oder Schweden sei. Anscheinend werden diese Kommentare einschlägigen Foren entnommen, in denen Nutzer ihren Unmut ausdrücken, etwa auf Hartgeld.com. Das Gefinkelte an diesem Vorgehen ist: Niemand muss für diese Falschaussagen mit seinem Namen herhalten. Der Netzplanet behauptet gar nicht, selbst recherchiert zu haben. Er zitiert anonyme Wortmeldungen aus dem Web, deren Authentizität die Blogbetreiber nicht überprüft haben. Wenn etwas nicht stimmt, dann war wohl der Verfasser des „Leserkommentars" schuld, wer auch immer das gewesen sein mag.

Solche Seiten werden häufig als „alternative Medien" bezeichnet. In erster Linie stellen sie eine Alternative zu journalistischen Prinzipien wie der Sorgfaltspflicht dar, laut welcher man eine Information vor der Veröffentlichung überprüfen sollte. Tatsächlich werden diese Blogs von klassischen Glaubenskriegern betrieben, die ihre Weltsicht verbreiten wollen. Ob das denn alles so stimmt, wird nicht unbedingt nachgefragt. Im Jänner 2016 verbreitete Netzplanet.net beispielsweise das Bild einer brutal verprügelten älteren Frau. Ihr Auge ist blau und so angeschwollen, dass man nicht einmal mehr den Augapfel sieht. Blut rinnt ihre Nase entlang. Sie sieht erschreckend mitgenommen aus. Darüber steht der Titel: „Schweden: 75-jährige Frau vergewaltigt und misshandelt."[111] Andre Wolf von Mimikama recherchierte auch hier: Die Geschichte ist falsch. Das Foto stammt weder aus Schweden, noch handelt es sich hier um eine Frau, die von Flüchtlingen vergewaltigt wurde. Das Bild zeigt eine Südafrikanerin, die in ihrem Haus überfallen wurde. Viele User werden das aber bis heute nicht wissen, da sie nie die Richtigstellung gesehen haben. Der Eintrag des Netzplaneten wurde rund 12.000 Mal auf Facebook geteilt. Die Korrektur von Mimikama hingegen nur 3000 Mal. „Wir sind hier meist nur an zweiter Stelle: Die Falschmeldung ist oft viel schockierender und emotionalisierender als die Richtigstellung. Sie wird deswegen auch von mehr Menschen weitergereicht", sagt Wolf. Doch selbst, wenn eine Fehlinformation als solche enttarnt wird, überzeugt das viele Menschen emotional nicht – zum Teil wird sogar argumentiert, die konkrete Information ist zwar falsch, aber sie könnte ja auch trotzdem wahr sein. Selbst in einer Lüge wird mitunter etwas Wahres vermutet. Das ist eine höchst problematische Argumentation.

Im Fall der attackierten Südafrikanerin gab der Netzplanet zu, dass seine Meldung falsch war. Das Blog berief sich darauf, diese Nachricht von einer anderen Seite namens „Jews News" entnommen zu haben und in Zukunft nicht mehr Meldungen von dort zu kopieren. Kein Wort wird darüber verloren, dass man eine fremde Information auch selbst hätte überprüfen können – wie dies beispielsweise Mimikama dann nachgeholt hat. Am Ende der Korrektur der eigenen Meldung erklärt der Netzplanet dann auch noch: „Es gibt jedoch inzwischen täglich sexuelle Übergriffe durch Asylanten in Deutschland, leider ohne Fotos der Geschädigten, so wie aktuell der Fall in Dresden, wo ‚Südländer' eine 48-jährig (sic) Frau brutal vergewaltigt und geschlagen haben. Das Opfer könnte ähnlich aussehen."[112] Hier wird ernsthaft die These vertreten: Das eine Foto war zwar falsch, aber vielleicht gibt es ja andere Opfer, die ähnlich aussehen. Auf einer solchen Ebene kann man nicht diskutieren: Wenn eine Meldung falsch oder ein Foto getürkt ist, dann lässt es sich eben nicht als Beleg hernehmen. Sonst könnte jeder von uns irgendetwas erfinden und nachher erklären, dass dies zwar unrichtig, aber trotzdem irgendwie aussagekräftig ist.

Dies passierte auch in einem prominenten Fall seitens jener, die sich für Asylwerber einsetzen: Ein deutscher Flüchtlingshelfer schrieb auf Facebook, dass ein 24-jähriger Syrer gestorben sei. Dieser habe lange im Schneematsch vor dem Berliner Landesamt für Gesundheit und Soziales (Lageso) anstehen müssen, sei daraufhin erkrankt und in der Notaufnahme verstorben. Die Meldung verbreitete sich im Eiltempo über die sozialen Netzwerke – und entpuppte sich als Erfindung dieses Flüchtlingshelfers. Den Toten vom Lageso gab es nicht. Was dann geschah, hat der Journalist Stefan Niggemeier gut auf seinem Onlinemedium uebermedien.de beschrieben: Obwohl die Falschmeldung bereits entlarvt war, nutzte der Oppositionspolitiker Christopher Lauer den Fall, um Kritik an der Berliner Regierung zu äußern. Dass die Öffentlichkeit den Tod des Flüchtlings für möglich gehalten hatte, sei bereits die Schuld einzelner Regierungsvertreter, erklärte er dem „Tagesspiegel". Der Oppositionelle Lauer versuchte, aus einem Ereignis, das de facto so nicht geschehen war, politisches Kapital zu schlagen. Ebenfalls im „Tagesspiegel" hieß es in einem anderen Text, dass es bereits eine „Erkenntnis" sei, dass so viele Menschen den Tod des Flüchtlings für wahrscheinlich gehalten hatten. Der Medienjournalist Niggemeier nennt dies „einen gefährlichen Gedanken". Denn: „Er suggeriert, dass die Geschichte über den toten Flüchtling vom Lageso nicht wahr sein muss, um dennoch wahr zu sein. Dass es genügt, dass alle sich vorstellen konnten, dass sie wahr ist. Dass auch ein toter Flüchtling, den es gar nicht gibt, als Beweis dafür taugt, wie furchtbar die Zustände dort sind."[113]

Mit dieser Kritik hat Niggemeier vollkommen recht: Eine derartige Argumentation ist riskant – denn bei einer solchen Sichtweise dürften sich „besorgte Bürger" auch stets auf Geschichten berufen, die zwar nie passiert sind, aber Menschen in Aufruhr brachten. Dann könnte es heißen: „Nun gut, der hat keine Frau vergewaltigt und keine Straftat begangen. Aber die Tatsache, dass ihm dies viele Menschen zugetraut hätten, sagt schon viel über ihn aus." Nein, tut sie eben nicht. Wenn Menschen sich von falschen Gerüchten aufscheuchen lassen, macht es das Gerücht nicht wahrer.

Nicht jede Lüge mag gleich bösartig sein. Aber generell bieten Lügen keine guten Grundlagen für Diskussionen. Das brachte Stefan Niggemeier hier treffend auf den Punkt: „Natürlich gibt es Unterschiede: Es ist etwas anderes, wenn jemand eine vermeintliche Information teilt, um ein Ressentiment gegen eine ganze Gruppe zu verstärken. Es ist ein Unterschied, ob durch eine Welle auf Facebook eine ganze Gruppe von Menschen stigmatisiert wird oder der Druck auf eine unfähige Landesregierung erhöht wird. Aber der Kurzschluss ist derselbe: Aus Sicht desjenigen, der ein solches Gerücht teilt, steht der einzelne Fall für alles, was gerade schiefläuft."[114]

Die Falschmeldung vom Toten von Lageso ist ein Lehrbeispiel, wie leicht es für uns Menschen ist, eine Neuigkeit zu glauben, die die eigenen Ängste bestätigt. Das gilt eben nicht nur für jene Bürger, die sich *vor* Flüchtlingen fürchten, sondern auch für jene, die *um* Flüchtlinge bangen.

Ich habe Andre Wolf von Mimikama gefragt, ob ihm öfters auch linke Hoaxes unterkommen. Er erzählte mir: „Die gibt es. Auch Linke verbreiten Fälschungen, die sind aber anders. Bei diesen geht es nicht darum, eine Minderheit niederzumachen. Häufig sind es eher Sticheleien gegen den politischen Gegner." Zum Beispiel verteilen Linke das Gerücht, es gäbe Geld für Demoteilnehmer – sie wollen bewusst rechte Internetnutzer auf die Palme bringen. Was wir indes derzeit in der Flüchtlingsdebatte erleben, hat es im deutschsprachigen Raum online so noch nie gegeben: ein derartiges Ausmaß an bösen und teils komplett erfundenen Behauptungen.

Was treibt Menschen an, wissentlich eine falsche Information ins Web zu stellen? Ein solches Vorgehen ist weitaus hinterlistiger als beispielsweise der Einsatz von Schimpfworten oder andere Methoden, die rabiate Glaubenskrieger gerne nutzen. Wie rechtfertigen Menschen den Einsatz von Lügen? Diese Frage stellte ich auch dem Psychologen Delroy Paulhus. Er ist jener Wissenschaftler von der University of British Columbia in Vancouver, der die vielzitierte Studie zur Motivation von Trollen durchführte: „Trolls just want to have fun". Seit Jahrzehnten erforscht er dunkle menschliche Eigenschaften. Für seine Antwort griff er auf das Konzept der „Eigengruppe versus Fremdgruppe" zurück, ein Begriff aus der Psychologie. Die Eigengruppe ist jener Menschenkreis, zu der man sich deutlich zugehörig fühlt. Die Fremdgruppe sind alle anderen. Menschen können sich mehreren und unterschiedlichen Eigengruppen zugehörig fühlen: Zum Beispiel anderen Menschen, die aus demselben Heimatort kommen oder dem örtlichen Fußballverein und all seinen Anhängern angehören. Es ist ganz normal, dass wir uns über solche Gruppen definieren. Ich zum Beispiel bin ein leidenschaftlicher Science-Fiction-Fan, ich gehöre wohl auch der Eigengruppe „Science-Fiction-Fans" an, freue mich in der Regel, wenn ich Gleichdenkende treffe.

„Nun gibt es Situationen, die sehr starke Gefühle der Eigengruppe versus einer Fremdgruppe auslösen können: Vor allem wenn die Fremdgruppe dieselben Ressourcen nutzen möchte, die bisher der Eigengruppe zustanden, kann dies heftige Reaktionen auslösen", sagt Paulhus. Gerade in der Flüchtlingskrise ist dies auch der Fall: Menschen nehmen Flüchtlinge als Fremdgruppe wahr, die womöglich ihren Arbeitsplatz oder Geld vom Staat bekommen, das sonst auf die Eigengruppe verteilt werden würde. Selbst wenn solche Ängste überzogen sein mögen, können sie starke Aggressionen hervorrufen. Mit dieser Theorie lässt sich auch erklären, wieso Bürger in einem Dorf einen Bus voller Flüchtlinge belagern und lauthals „Wir sind das Volk" schreien, und nicht einmal aufhören, als im Bus schon Menschen weinen – was sich im sächsischen Dorf Clausnitz ereignete.

Ein starkes Gefühl der „Eigengruppe versus Fremd-gruppe" erklärt sowohl Aggressionen als auch gezielte Manipulationen. „Findet man etwas wirklich wichtig; glaubt man, dass der Eigengruppe gerade ein Schaden entsteht, dann sieht man es mitunter nur als harmloses, moralisches Vergehen, wenn man ein paar Lügen erzählt", meint Delroy Paulhus. In anderen Worten: Für manch einen aufgebrachten Bürger mag die Verbreitung einer Lüge lediglich als Notlüge erscheinen. Er tut dies, um auf eine Bedrohung hinzuweisen, die in seinen Augen besteht.

Das ist der eine Teil der Erklärung, weshalb es mitunter zur Lüge kommt. Es ist aber auch wichtig festzustellen, dass es Gruppen gibt, die durchaus kalkuliert Feindbilder hervorru-fen. Speziell in der Flüchtlingsdebatte spielen auch Rechts-extremisten eine Rolle. In Deutschland tauchten bereits im

Jahr 2013 Facebook-Seiten gegen Asylheime in der jeweiligen Ortschaft auf. Diese Fanpages heißen „Nein zum Heim – Erzgebirge" oder „Heidenau Asyl-frei". Häufig wurden von derartigen Seiten dieselben Links oder die gleichen Fotos geteilt, auch die Rhetorik ähnelte sich. Einige dieser Seiten stammen wahrscheinlich aus dem Umfeld der NPD, der rechtsextremen Kleinpartei in Deutschland, berichtet das „Netz gegen Nazis", eine deutsche Monitoring-Stelle der Amadeu-Antonio-Stiftung.[115] Akteure von Rechtsaußen arbeiten online äußerst strategisch. Da viele Bürger neonazistische Botschaften klar ablehnen, Adolf Hitler oder eindeutige Bezüge auf den Holocaust furchtbar finden, müssen sie sozusagen andere Themen für ihre Demagogie nutzen. „Netz gegen Nazis" leistet hier wichtige und engagierte Arbeit, indem sie rechte Strategien beobachten und analysieren. Simone Rafael, die Chefredakteurin der Seite, erzählte mir in einem Interview für „profil", dass die Flüchtlingskrise ein Einfallstor für Rechtsextreme ist: „Hier können sie eine größere Menge von Menschen ansprechen, nicht nur überzeugte Neonazis."[116]

Wut kann gleichermaßen geschickt aufbereitet und geschürt werden. Damit diese Manipulation aber nicht so einfach ist, spielen Vereine wie Mimikama.at eine großartige Rolle im Kampf gegen Falschmeldungen. Auch im englischsprachigen Raum gibt es solche Projekte, etwa Snopes.com, die ebenfalls Gerüchte auf ihren Wahrheitsgehalt überprüfen. „Uns schreiben Leute oft Sätze wie: Danke, dass ihr mich darauf hingewiesen habt. Ich hätte das fast geglaubt", erzählt Andre Wolf. Solche Rückmeldungen sind ein Erfolg – denn die Glaubenskrieger haben es in diesem Fall nicht geschafft, eine weitere Person in Aufruhr bringen. Darum geht es ihnen. Oder wie es Wolf von Mimikama formuliert: „Das Ziel ist, die ruhige Mitte, die sich bisher in die Debatte nicht eingemischt hat, auch zu polarisieren." Wie kann man nun selbst Falschmeldungen rascher erkennen? Hier eine Übersicht mit freundlicher Hilfe von Andre Wolf:

Basiert die Nachricht auf einer verlässlichen und identifizierbaren Quelle? „Das Wichtigste ist immer, sich anzusehen: Klingt eine Meldung plausibel? Dafür kann man die journalistischen W's durchgehen und fragen: Wer, was, wann, wo, wie?", sagt Wolf. Oft fehlt bei Fälschungen eine eindeutige Quellenangabe. Statt einer konkreten Quelle heißt es beispielsweise, die Cousine der Nachbarin habe etwas Ungeheures beobachtet. Je unkonkreter ein Beitrag ist, desto verdächtiger wird er. In vielen Fällen ist eine Meldung vielleicht sogar schon im Web als Falschmeldung entlarvt worden, es lohnt sich also nach den wichtigsten Schlagworten der Meldung zu suchen, zum Beispiel „Leibnitz, Plünderung, Supermarkt". Google führt in diesem Fall zu einem Artikel der Tageszeitung „Standard", in welchem die Polizei derartige Gerüchte dementierte. In manchen Fällen hat auch schon die örtliche Polizei eine Stellungnahme zu den Behauptungen veröffentlicht. Webseiten wie Mimikama recherchieren auch selbst nach: Sie kontaktieren zum Beispiel die Behörden einer Gemeinde oder das örtliche Krankenhaus, ob sie von Vergewaltigungen oder sonstigen Straftaten gehört hätten. Oftmals dementieren viele Einrichtungen dies dann.

Ist das Foto tatsächlich neu oder kursiert es sogar schon seit Jahren im Web? Interessanterweise tun sich viele Fälscher wenig Arbeit an: Sie nutzen oft altes Bildmaterial und setzen es in einen neuen Kontext. Nach der Silvesternacht in Köln wurde beispielsweise ein Foto verbreitet, auf dem ein weißes Mädchen von hinten von einem Schwarzen umarmt wird. Es wirkt, als wolle sie dies nicht und sie hält sich auch die Nase zu. Das Foto stammt aber nicht, wie behauptet, aus Köln, sondern kursiert seit Jahren auf nicht deutschsprachigen Seiten – etwa mit der Bildüberschrift „funny picture Smelly nigger". Auch diesen Fall deckte die Webseite Mimikama.at auf.[117] Jeder Internetnutzer, der ein Foto auf seine Echtheit überprüfen will, kann dies mithilfe von Suchmaschinen tun. Unter images.google.com findet man die Google-Bildersuche. Dort kann jeder Fotos hochladen und nachschauen, ob diese schon einmal früher im Web aufgetaucht sind. Bei Videos hingegen lassen sich etliche Screenshots machen und diese Aufnahmen dann ebenfalls in der Google-Bildersuche eingeben. „Wir werden oft schon nach wenigen Screenshots fündig, um welches Video es sich im Original handelt", sagt Andre Wolf.

Was sehe ich auf dem Bild wirklich? Viele Fälschungen sind sogar so plump, dass bereits ein näheres Hinsehen Unstimmigkeiten aufwirft. Zum Beispiel kursierte auf Facebook Anfang 2016 ein Video, das angeblich deutsche Polizisten beim Wegrennen vor eine Masse von Flüchtlingen zeigte. Wer genau hingeschaut hat, konnte erkennen, dass auf den Polizeischildern „POLICE" stand und die Umgebung überhaupt nicht nach Deutschland aussah. In der Tonspur wurde dann auch noch eine englischsprachige Straßenkreuzung

„Westbury Avenue near Woodbrock Avenue" erwähnt. Andre Wolf recherchierte damals mit dem Landkartendienst Google Maps und fragte danach, in welcher Stadt es eine solche Kreuzung gibt. Er fand schließlich heraus, dass das Video aus Baltimore in den USA stammt und schon älter ist. Im Frühjahr 2015 fanden in dieser Stadt heftige Proteste gegen die Polizei statt, viele Afroamerikaner fühlten sich von der Polizei stigmatisiert und rassistisch behandelt. Es kam in dieser Zeit auch zu schweren Zusammenstößen, bei denen offensichtlich Polizisten vor Bürgern weglaufen mussten. „Die Recherche in diesem Fall hat richtig Spaß gemacht", sagt Wolf. Übrigens ist er für jede Hilfe dankbar: Im Diskussionsforum von Mimikama kann man auf Bilder und Meldungen hinweisen, die einem verdächtig erscheinen, und auch beim Aufdecken solcher Hoaxes mitwerken – die Webadresse hierfür lautet zddk.eu (kurz für: zuerst denken, dann klicken).

Manch eine Fehlinformation ist auch deswegen so schwer zu beseitigen, weil sie nur zum Teil falsch ist und aus einer realen Begebenheit extrem gehässige Schlüsse zieht. Ein Beispiel: Im Herbst 2015 berichteten rechte Webseiten von einem „Bürgerkrieg" in Schweden. Auf mehreren Seiten erschien plötzlich die Nachricht: „Es ist tatsächlich passiert, wovor alle Bürger die Politik gewarnt hatten. In Schweden ist quasi eine Art Bürgerkrieg wegen der Flut von islamischen Migranten ausgebrochen." Mir fiel diese Nachricht auf der Webseite Asylterror.com zum ersten Mal auf. Dort erschien dieser Bericht am 23. November 2015 unter dem Titel: „Schweden: Offener Bürgerkrieg wegen der Flut von islamischen Mig-ranten".[118] Wer näher hinsieht, bemerkt, dass die Meldung von einer anderen Seite kopiert ist, einer Internetadresse namens brd-schwindel.org.[119] Diese wiederum hatte ebenfalls per Copy-Paste, also mittels Kopiervorgang, diese Behauptung von einer Seite namens schweizmagazin.ch übernommen.[120] Und diese wiederum hatte die Information von einer englischsprachigen Seite namens „Powdered Wig Society" aufgegriffen, ein rechtes amerikanisches Blog.[121] Dieses Blog hatte die Information ebenfalls nicht in die Welt gesetzt, sondern sie anscheinend von einer israelischen Seite namens „Jews News" kopiert (die Seite kam auch schon beim Fall der attackierten 75-jährigen Südafrikanerin vor, deren Foto entwendet worden war). „Jews News" ist eine islamfeindliche Seite, die absolut unseriöse Nachrichten verbreitet. Das Portal hat auch diese Falschmeldung in die Welt gesetzt. Im Text wurde berichtet, dass in Schweden sieben Asylheime angezündet worden waren – in der Titelzeile war sogar von einem ausbrechenden „BÜRGERKRIEG" die Rede.[122] Woher hat „Jews News" nun seine Information? In dem Artikel werden keine Quellen genannt, aber einzelne Passagen daraus scheinen aus einem Bericht des Onlinemediums RT.com zu stammen, das vom russischen Staat finanziert wird. In der Originalmeldung von RT.com war allerdings nirgendwo von einem „Bürgerkrieg" zu lesen, auch war der Text bei Weitem nicht so aggressiv in seiner Tonalität wie die späteren Meldungen.[123] Dieser Fall zeigt, wie Gerüchte um den Globus wandern. Fassen wir die Informationskette (oder besser gesagt: Desinformationskette) noch einmal zusammen:

Schritt 1: Der russische Kanal RT.com berichtet von Attacken auf Flüchtlingsheime – der Beitrag beinhaltet keine extreme Wortwahl. Auch das Wort „Bürgerkrieg" kommt nirgendwo vor.

Schritt 2: Die Seite „Jews News" greift diese Nachricht auf, spitzt sie gehörig zu und schreibt das Wort „BÜRGER-KRIEG" in fetten Lettern in den Titel.

Schritt 3: Das amerikanische Blog „Powdered Wig Society" greift die Meldung von „Jews News" auf und übernimmt das Wort „Bürgerkrieg".

Schritt 4: Nun wird eine Webseite aus dem deutschsprachigen Raum anscheinend auf die Meldung aufmerksam. Die Seite schweizmagazin.ch übernimmt die Behauptung, dass aktuell in Schweden „eine Art Bürgerkrieg" stattfände.

Schritt 5: Die Seite brd-schwindel.org kopiert den Text einfach von der Schweizer Seite.

Schritt 6: Die Seite Asylterror.com kopiert die Nachricht wiederum von brd-schwindel.org.

Schritt 7: Wer in Google nach den Begriffen „Schweden" und „Bürgerkrieg" sucht, bekommt womöglich den Eindruck: Wahnsinn, in Schweden muss die Situation wirklich schlimm sein!

Per Copy-Paste-Prinzip werden Falschmeldungen rasend schnell über Ländergrenzen hinweg verbreitet. Dabei ist die Behauptung, wenn man etwas genauer darüber nachdenkt, im konkreten Fall kompletter Unsinn: Schweden ist eines der sichersten Länder der Welt, der soziale Zusammenhalt ist enorm und auch Flüchtlinge werden dort positiv aufgenommen – nur so lässt sich übrigens erklären, dass Schweden pro Einwohner weit mehr Asylsuchende aufnimmt als jeder andere Staat in der EU.

Was war denn vergangenen Herbst in Schweden tatsächlich passiert? Auch die Nachrichtenagentur Reuters berichtete am 2. November 2015 über etliche Angriffe auf

Asyleinrichtungen. Dieser Text trug den Titel: „Nachdem sie dem Krieg entkamen, sind Flüchtlinge in Schweden nun von Brandstiftungs-Attacken betroffen."[124] Die Reuters-Korrespondenten sprechen sogar von „mehr als einem Dutzend" Attacken auf Asyleinrichtungen. Sie machen jedoch klar, dass es in Schweden keine mehrheitstaugliche Meinung ist, Flüchtlingen den Tod zu wünschen. Dazu schreiben sie: „Mit weniger als zehn Millionen Einwohnern hat Schweden überproportional mehr Asylwerber aufgenommen als jedes andere EU-Land, in einer Situation, in der große Zahlen von Menschen vor Krieg und Armut fliehen und Richtung Norden über den Kontinent streben. Umfragen zeigen, dass die meisten Schweden dies unterstützen, und Freiwillige heißen diese Flüchtlinge mit mobilen Kliniken willkommen, wenn sie nach ihrer langen Reise aus den Zügen aussteigen."[125] Was „alternative Medien" hier als „Bürgerkrieg" tarnen, ist eine erschütternde Serie rechter Gewalt, die von einer radikalen, kriminellen Minderheit ausgeht. Hier findet kein Bürgerkrieg statt, sondern obskure Blogs verharmlosen rechtsextreme Straftaten. Asylwerber werden dabei sogar doppelt zum Opfer: Zuerst werden ihre Flüchtlingsheime angezündet, und dann wird ihnen auch noch vorgehalten, sie seien die Ursache für einen Bürgerkrieg, den es gar nicht gibt.[126]

Es ist die ständige Wiederholung – das ungenierte Copy-Paste-Prinzip –, die viele Falschmeldungen so wirkungsvoll macht: Die Quantität einer Information soll über die fehlende Qualität dieser Aussage hinwegtäuschen. Beunruhigte Bürger bekommen mitunter den Eindruck, sie haben schon oft von einem Problem gelesen, da muss doch etwas dran sein. Ich erinnere an zwei Anekdoten, die ich hierzu bereits erwähnt habe. Ganz zu Beginn erzähle ich von der besorgten Österreicherin, deren Alltag voller Zweifel ist. Auch sie hat schon so viele Schreckensgeschichten über Skandinavien gelesen und fragt sich: Was ist da dran? Vielleicht erinnern Sie sich auch an die Umfragewerte in den USA, wonach viele Amerikaner überzeugt sind, dass US-Präsident Barack Obama ein Moslem sei – trotz etlicher Gegenbeweise. Dies führt uns zu einer schwerwiegenden Frage: Was können wir tun, wenn Menschen die Korrektur einer Falschmeldung nicht mehr glauben wollen?

Warum Richtigstellungen oft nicht reichen

Korrekturen von Falschmeldungen sind oft nicht so erfolgreich, wie man sich das wünscht. Das hat mehrere Gründe:

Zum einen ist die ursprüngliche Falschmeldung oft besonders emotionalisierend, sie berichtet von einem ungeheuren Verbrechen oder zeigt ein schockierendes Bild. Die sachliche Korrektur ist im Vergleich dazu meist weniger aufwühlend. Sie wird deswegen oft nicht so stark geteilt und so oft mit „gefällt mir" markiert. Dementsprechend erreicht sie auch weniger Menschen in den sozialen Medien. Zweitens erreicht die Korrektur oft die falschen Menschen: Wer einer islamfeindlichen Seite auf Facebook folgt, bekommt womöglich eine Falschmeldung von dieser zugespielt. Die Richtigstellung jedoch wird in vielen Fällen eine andere (wahrscheinlich nicht islamfeindliche) Seite teilen – nur folgen dieser Seite eben andere Menschen. Das ursprüngliche Gerücht und dessen Korrektur bekommen häufig unterschiedliche Menschen eingeblendet. Eine Mischung aus technischen und menschlichen Faktoren führt dazu, dass Facebook-Nutzer tendenziell eher jene Informationen sehen, die ihrer bestehenden Meinung bereits entspricht. Ein flüchtlingskritischer Nutzer bekommt womöglich das wütende Gerücht angezeigt. Einem Flüchtlingshelfer wird wahrscheinlich eher die Korrektur eingeblendet – denn das entspricht ihrem bisherigen Interesse und Nutzungsverhalten von Facebook. Im Englischen nennt man das „Preaching to the choir", wenn eine Botschaft genau jene erreicht, die ohnehin schon an den Inhalt des Gesagten glauben. Drittens kann die Richtigstellung sogar nach hinten losgehen: Im schlimmsten Fall sind Menschen nach der Korrektur von der Falschmeldung sogar noch überzeugter als zuvor, das nennt man den „Backfire Effect" – sozusagen ein Schuss nach hinten. Gemessen wurde dieser Effekt bereits in mehreren Untersuchungen, unter anderem auch auf Facebook.

Die italienische Wissenschaftlerin Michela Del Vicario kam bereits zu Wort; sie hat gemeinsam mit Kollegen das Verhalten auf Facebook von zwei User-Gruppen analysiert. Zum einen Benutzer, die auf dem sozialen Netzwerk Seiten zu Verschwörungstheorien geliked haben. Zum anderen Personen, die bei Seiten zu wissenschaftlichen Themen auf „gefällt mir" klickten. Zur Erinnerung: Ihre Untersuchung hat gezeigt, dass diese Gruppen online selten aufeinander treffen, und ihre Angehörigen hauptsächlich mit Gleichdenkenden interagierten oder mit Seiten, die ihren Interessen entsprechen. Wenn sich Menschen hauptsächlich in digitalen Räumen befinden, in denen ihre Meinung geteilt und bestätigt wird, dann ist hierbei von „Echokammern" die Rede. Die italienischen Forscher wollten in einer weiteren Studie auch wissen, wie robust diese Echokammern sind. Ändern zum Beispiel Menschen, die sich für Verschwörungstheorien begeistern, ihre Meinung, wenn ihnen Argumente gegen diese These geliefert werden? Um dies zu beantworten, haben die Wissenschaftler das Verhalten von 54 Millionen US-Bürgern auf Facebook ausgewertet. Besonders interessierte sie, wie Menschen, die viel mit Verschwörungstheorie-Seiten interagieren, auf Richtigstellungen solcher Thesen reagieren. Sie haben 47,780 Beiträge ausfindig machen, die Verschwörungstheorien widerlegen. Jedoch schien der Kontakt mit einer Korrektur bei diesen Benutzern wenig zu nützen – ganz im Gegenteil. So notieren die Forscher: „Wir können sehen, dass nur ein kleiner Bruchteil dieser User mit korrigierenden Beiträgen interagiert und, wenn sie dies tun, diese Interaktion häufig zu einem wachsenden Interesse für verschwörungstheorieartige Inhalte führt."[127] Vereinfacht gesagt: Es scheint, als ziehen sich diese User noch mehr in ihre Echokammer zurück.

Der Kontakt mit neuer, widersprüchlicher Information reicht nicht unbedingt aus, um Menschen umzustimmen. Dies zeigte auch eine beeindruckende Studie zum Thema Impfen. Im Jahr 2011 führte ein Forscherteam aus den USA und Großbritannien ein Experiment mit 1759 amerikanischen Eltern durch. Sie wurden auf vier verschiedene Varianten über die Sinnhaftigkeit von Impfungen informiert. Die erste Gruppe wurde darüber aufgeklärt, dass kein Zusammenhang zwischen Impfen und Autismus wissenschaftlich erkennbar ist. Die zweite Gruppe erhielt die Information, welche gesundheitlichen Schäden die Krankheiten Masern, Mumps und Röteln auslösen, gegen die es eine Impfung gibt. Die dritte Gruppe sah Bilder von Kindern, die an Masern, Mumps und

Röteln erkrankt sind, obwohl es eine Impfung gegeben hätte. Der vierten Gruppe wurde ein dramatischer Fall geschildert, bei dem ein Kind beinahe an Masern gestorben wäre. Keine einzige dieser Methoden erhöhte bei Eltern die Bereitschaft, in Zukunft ihr Kind auch tatsächlich impfen zu lassen. Nur zum Teil hatte die Information eine Auswirkung auf die Einstellung der Studienteilnehmer. Dass Impfen und Autismus nicht zusammenhängen, haben nach dem Experiment zwar signifikant mehr Eltern verstanden, jedoch zeigte sich hier in einer Untergruppe der „Backfire Effect": Jene Väter und Mütter, die Impfungen schon vor der Studie besonders kritisch gegenüberstanden, wollten nach Erhalt dieser Information ihre Kinder noch seltener impfen lassen. Die vermeintliche Aufklärung bewirkte das Gegenteil: Menschen zementierten sich regelrecht in ihrem Standpunkt ein.[128] Einer der zuständigen Forscher, der Politologe Brendan Nyhan vom Dartmouth College in New Hampshire, schrieb über die Erkenntnisse seiner Untersuchung in der „New York Times": „So sehr einen das überraschen mag, stimmen unsere Ergebnisse mit reichlich anderer Forschung überein, wie Menschen darauf reagieren, wenn ihre Überzeugungen hinterfragt werden. Menschen lehnen regelmäßig Informationen ab, die ihren Ansichten widersprechen, darunter auch Richtigstellungen. Zum Beispiel indem sie sich Gründe in Erinnerung rufen, warum sie ihre Überzeugung beibehalten sollten. Und in manchen Fällen glauben Menschen am Ende sogar mehr daran."[129]

Dies hängt mit dem bereits erklärten „Disconfirmation Bias" zusammen: Einer Information, die uns widerstrebt, geben wir weniger Gewicht. In manchen Fällen kann Menschen eine Überzeugung so wichtig sein, dass sie für widersprüchliche

Fakten nicht mehr erreichbar sind. Unabhängig von dieser Problematik, dass es so starke menschliche Widerstände gegen einem widersprechende Informationen gibt, kommt noch eine weitere Gefahr bei Korrekturen hinzu: Manchmal führen sie erst recht dazu, dass eine Lüge bekannter wird. Auch handwerkliche Fehler können bewirken, dass eine Richtigstellung ineffizient ist. Korrekturen sollten lieber nicht als Verneinung formuliert werden. Wenn beispielsweise Republikaner behaupten, dass Barack Obama ein Moslem ist, dann lautet eine naheliegende Antwort darauf: „Nein, Barack Obama ist kein Moslem." Das Problem an einer solchen Korrektur ist jedoch, dass hier vor allem die ursprüngliche Behauptung noch einmal wiederholt wurde – wenngleich als Negierung. Effektiver sind Korrekturen, wenn sie eine affirmative Aussage enthalten, wenn darin nicht der falsche Sachverhalt widerlegt, sondern der richtige Sachverhalt dargelegt wird, zum Beispiel ist es wirkungsvoller zu sagen: „Barack Obama ist Christ."

Korrekturen sind außerdem erfolgreicher, wenn sie in einen kausalen Zusammenhang gebracht und so erklärt werden. Nehmen wir an, in einer Sozialeinrichtung bricht Feuer aus und Flüchtlinge werden dafür verantwortlich gemacht, allerdings zu Unrecht, denn tatsächlich löste eine defekte Stromleitung den Brand aus. In diesem Fall wäre die pure Negation des Vorwurfs („Die Flüchtlinge haben nicht das Feuer gelegt") wahrscheinlich weniger erfolgreich als der Satz: „Ein kaputtes Kabel löste diesen Brand aus. Die Flüchtlinge selbst waren Opfer dieses Feuers."

Insgesamt sollte man überdenken, wie häufig man die Korrektur einer Falschmeldungen wiederholt. Das mag grotesk klingen, aber eine Studie der University of Michigan zeigte, dass speziell ältere Menschen eine Falschmeldung in Erinnerung behalten, wenn sie mehrfach eine Korrektur hierzu hörten. Die Studienteilnehmer wurden bei dieser Untersuchung zuerst einmal mit einer Fehlinformation konfrontiert und dann drei Mal mit der Korrektur. Vor allem einige ältere Personen hatten drei Tage später nur noch die Falschmeldung in Erinnerung. Wurde die Fehlinformation allerdings nur einmal widerlegt, war auch die Erinnerung an die Fehlinformation schwächer. Diese Erkenntnisse, wie man möglichst geschickt Korrekturen formuliert, haben der gerade eben erwähnte Politologe Brendan Nyhan und sein Kollege Jason Reifler aus etlichen Untersuchungen zusammengetragen. Da die hohe Verbreitung falscher Informationen ein ernsthaftes Problem ist, gibt es recht viel Forschung hierzu.[130]

Nyhan und Reifler empfehlen unter anderem, auf häufige Wiederholungen falscher Aussagen zu verzichten, die Korrektur nicht als Negation zu formulieren und sich bewusst zu sein, dass auch die Richtigstellung die Gefahr birgt, eine Falschmeldung erst wirklich bekannt zu machen. Außerdem sind eher jene Richtigstellungen erfolgreich, in denen ein Experte zu Wort kommt, dem eine besondere Unabhängigkeit zugeschrieben wird oder der als überraschender Zeuge auftritt. Wenn beispielsweise ein namhafter Republikaner den Demokraten Obama verteidigt und darauf hinweist, dass dieser ein Christ ist, dann hat dies mitunter eine stärkere Wirkung, als wenn dies ein Demokrat aus dem linken Flügel tut. Dies mag ohnehin recht logisch klingen, aber es ist sinnvoll, diese Aspekte beim konkreten Formulieren von Richtigstellungen zu bedenken.[131]

Doch selbst die eloquenteste Richtigstellung wird manche Menschen nicht überzeugen. Was kann man nun in diesen Fällen tun? Die ehrliche Antwort ist: Es ist unrealistisch, dass man jeden überzeugen können wird – selbst mit den besten Argumenten. Vielleicht hilft es manchmal eher, äußerst pragmatisch mit der Situation umzugehen und sich zu überlegen, ob man diese Person auf einer anderen Ebene zu einem Konsens bewegen kann.

Diesen Vorschlag macht der deutsche Kommunikationswissenschaftler Dietram Scheufele – er hat den „Nasty Effect" beobachtet, wonach Beschimpfungen in Diskussionen zu einer polarisierten Debatte führen. Scheufele forscht auch intensiv zur Frage, wie Wissenschaftler ihre Themen so kommunizieren können, dass Menschen deren Inhalte auch verstehen. Ein enormes Problem in den USA ist, dass Amerikaner nicht an den Klimawandel glauben – zumindest nicht an einen Klimawandel, den der Mensch mit ausgelöst hat.

Dies widerspricht aber wissenschaftlichen Ergebnissen und im schlimmsten Fall führt es dazu, dass Politiker keine Maßnahmen gegen die Erderwärmung setzen. „Vielleicht kann man in diesen Fällen einen Weg um dieses Problem herum finden: In einer Demokratie ist es nicht das Wichtigste, dass alle dieselben Ansichten vertreten. Entscheidend ist in erster Linie, dass man sich auf notwendige Kompromisse einigen kann", meint Scheufele. Er bringt dafür das Beispiel des amerikanischen Präsidentschaftswahlkampfs im Jahr 2012, bei dem der Republikaner Mitt Romney gegen Barack Obama antrat. Romney ist ein gemäßigter Konservativer, der mittlerweile auch offen ausspricht, dass er an den Klimawandel glaubt. Im Wahlkampf sagte er das nicht, aber er betonte zumindest die Bedeutung neuer, umweltfreundlicher Technologie – um diese dann anderen Ländern verkaufen zu können. „Dieser Wettbewerbsgedanke ist ein Wert, der republikanischen Wählern wichtig ist. Manchmal wird man es nicht schaffen, alle Menschen von einer Idee zu überzeugen. Aber vielleicht kann man an andere Werte appellieren, die ihnen ein Anliegen sind, um gemeinsame Lösungen zu finden", sagt Scheufele. So kann es eben auch wirtschaftliche Gründe haben, um in umweltfreundliche Technologie zu investieren – und ganz nebenbei wird die Umweltbelastung niedriger. Mir gefällt Scheufeles Idee deswegen besonders gut, weil sie an äußerst demokratische Überlegungen anknüpft: Auch in einer Demokratie ist es unrealistisch, dass man den politischen Gegner stets von der Unrichtigkeit seiner Weltsicht überzeugen können wird. Entscheidend ist aber, dass Parteien noch so kompromissfähig sind eine gemeinsame Lösung finden zu können. Ein Weg hierfür ist es, an einen Wert zu appellieren, der dem Verhandlungspartner am Herzen liegt.

Korrekturen sind also wichtig, speziell für jene User, die noch keine einzementierte Meinung haben. Mit Korrekturen kann verhindert werden, dass solche Menschen zunehmend einem Irrtum aufsitzen. Jedoch ist es nicht einfach, eine effiziente Richtigstellung zu verfassen und Gerüchte wirklich aus der Welt zu räumen. Das größte Problem hierbei sind Menschen, die bei gewissen Themen einfach nicht mehr für Argumente, die ihnen widerstreben, erreichbar sind. In diesem Fall gibt es aber zumindest eine Notlösung: Vielleicht kann man einen anderen Wert finden, der dieser Person wichtig ist, und darauf aufbauend eine pragmatische Notlösung vorschlagen. Ein Beispiel: Auch wenn online oft ein herausragend verrohter Umgangston herrscht, bin ich überzeugt, dass für sehr viele Menschen in Österreich und Deutschland Gewaltfreiheit ein hoher Wert ist. Etliche Bürger, die der Flüchtlingsthematik insgesamt skeptisch oder ängstlich gegenüberstehen, wollen in letzter Konsequenz wohl nicht, dass Asylwerbern Gewalt widerfährt. Auch sie lehnen die Vorstellung ab, dass Asylheime brennen oder Flüchtlinge am Grenzübergang erschossen werden. Umso wichtiger ist es, an diesen Wert zu appellieren und damit auch ein Stückweit Empathie gegenüber Flüchtlingen zu fördern.

Diese Überlegung führt zur abschließenden Frage in diesem Kapitel: Was kann man tun, wenn Lügen besonders gehässig sind, wenn beispielsweise versucht wird, einen Menschen zu diskreditieren und fertigzumachen? In Härtefällen halte ich Anzeigen für notwendig. In Österreich gab es einen solchen, recht prominenten Fall einer verletzenden Falschmeldung: Von der Parteichefin der österreichischen Grünen, Eva Glawischnig, wurden auf Facebook Bilder mit irreführenden Zitaten veröffentlicht. Auf einer Bildmontage sieht man beispielsweise das Gesicht der Politikerin und daneben ist in der Aufnahme der Satz eingefügt: „Schutzsuchende müssen das Recht haben auf Mädchen loszugehen! ‚Alles andere wäre rassistisch Flüchtlingen gegenüber!‘" Dieses Sujet über Eva Glawischnig wurde von etlichen rechten Accounts verbreitet. Es handelt sich um eine Falschmeldung. Ihr wurde hiermit die Aussage in den Mund gelegt, sie würde die Vergewaltigung von Mädchen gutheißen – was viele User in Rage versetzte. Sie schrieben beispielsweise, „dann nehmt euch gleich diese Tante vor als glänzendes Beispiel". Oder:

„stell dich hin , dann können die ja auf dich losgehen !" Diese Bürger wünschten der Grünen Parteichefin also, ihr selbst möge Gewalt widerfahren. Dass diese Aussage erfunden war, fiel ihnen gar nicht auf. Die Grünen schätzen, dass mehr als 100.000 Österreicher dieses Bild sahen, immerhin wurde es weit mehr als 1000 Mal auf Facebook geteilt. Die Partei hat mittlerweile jene Accounts angezeigt, die besonders aktiv in der Verbreitung dieser Falschmeldung waren oder sich besonders verletzend äußerten. Vor Gericht erhielten die Grünen in den diversen Verfahren bereits etliche Male Recht. Denn es ist nicht erlaubt, kränkende und rufschädigende Fehlinformationen über eine Person zu verbreiten. Das Problem an solchen gefälschten Zitaten: Bürger fallen auf sie herein. Es ist sinnvoll, juristisch gegen derartige Falschmeldungen vorzugehen; wenn Lügen als Waffe eingesetzt werden, sollen sich die Betroffenen auch dagegen wehren können.

9. HERABWÜRDIGENDE RHETORIK UND WIE MAN DIESER ENTGEGNEN KANN

„... ihr Bahnhofsklatscher!"

„... lasst euch halt eine dickere Haut wachsen!"

„... typisch Lügenpresse!"

Mit derartiger Rhetorik werden online Debatten erhitzt und Feindbilder geschürt. Nehmen wir den gehässigen Begriff „Bahnhofsklatscher" her: Mit dieser Formulierung machen sich Menschen über jene Mitbürger lustig, die Empathie gegenüber Flüchtlingen zeigen. Zwei Beispiele hierfür: Als auf Twitter ein User die politischen Inhalte der rechtspopulistischen AfD infrage stellt, schreibt ihm ein anonymer Account: „Lieber Bahnhofsklatscher, pack den Kuchen und Ballons ein und ab zum nächsten Bahnhof. Nimm deine Frau mit damit die fummeln können."[132] Und als Reaktion auf die Terroranschläge vom 13. November 2015 in Paris meint ein Leser namens Mirko S. auf der Webseite des „Focus": „Danke an alle Bahnhofsklatscher".[133] Warum jedoch soll Einfühlungsvermögen für Asylwerberinnen und Asylwerber eine schlechte Eigenschaft sein? Erinnern wir uns an die Situation im September 2015: Tausende Flüchtlinge kamen auf den Bahnhöfen in Europa an, waren zum Teil unterernährt, unterkühlt, von der langen Reise mitgenommen und allesamt erschöpft. Die europäische Politik war zu keiner gemeinsamen Lösung bereit, die nationalen Regierungen wirkten überfordert. Zum Glück gab es Bürger, die Gewand und Essen spendeten, dieses austeilten und am Bahnsteig mit anpackten. Dass Menschen so viel Einsatz und Mitgefühl zeigten, verdient Respekt – der

Zynismus, der im Wort „Bahnhofsklatscher" mitschwingt, tut ihnen Unrecht.

Genau darum geht es in diesem Kapitel: Worte oder sprachliche Wendungen, die sich wie ein harter Schlag in die Magengrube anfühlen, und wie man darauf antworten kann. Hierfür habe ich eine ausgewiesene Expertin auf diesem Gebiet befragt: die Linguistin Elisabeth Wehling, gebürtige Hamburgerin, die mittlerweile an der University of California, Berkeley, forscht. Sie hat schon mehrere Bücher zu diesem Thema geschrieben, ihr neuestes heißt „Politisches Framing" und erklärt, wie manche Worte eine politische Debatte einnehmen können und weshalb die eine Formulierung Empathie fördert und die andere diese ausblendet. „Framing passiert natürlich genauso im Internet. Dort greifen dieselben Mechanismen wie anderswo auch", so Wehling. Online können wir sogar besonders deutlich sehen, wie mit einzelnen Begriffen versucht wird, die Diskussion in eine gewisse Richtung zu lenken. Um diesen Vorgang zu verstehen, will ich – mit Elisabeth Wehlings Hilfe – ein wenig ausholen und die Wirkmacht und -kraft spezieller Worte erklären. Worte beeinflussen unser Denken – sie können sogar körperliche Reaktionen auslösen. Stellen Sie sich vor, Sie lesen irgendwo den Satz: „Martina rührt den Topf um." Vielleicht haben Sie prompt ein Bild von dieser Rührbewegung im Kopf, vielleicht denken Sie an Ihr letztes selbstgekochtes Gericht. Was Ihnen in diesem Moment nicht auffällt, ist, dass Ihr Hirn Neuronen abfeuert. Neuronale Schaltkreise werden aktiv, die interessanterweise für die Berechnung solcher Bewegungsabläufe zuständig sind; Ihr Gehirn simuliert also eine Bewegung (zumindest in der Vorstellung), um zu verstehen, was das Wort „umrühren" bedeutet. Auch wenn Sie diese Zeilen hier lesen, werden Neuronen aktiviert, unser Gehirn greift auf „Vorratslager abgespeicherten Wissens" zurück, wie dies Elisabeth Wehling bezeichnet, das sind Bewegungsabläufe, Gerüche, Gefühle, Bilder, an die wir uns erinnern. So verstehen wir dann, was die einzelnen Worte bedeuten, oder genauer gesagt, was diese Worte *für uns* bedeuten.[134]

Gleichzeitig assoziieren wir bei diesem Vorgang eine ganze Menge: Wenn wir einzelne Worte oder ganze Sätze lesen, macht unser Hirn die nötigen Querverbindungen – teilweise bedenken wir auch Dinge, die nicht wirklich gesagt wurden. Nehmen Sie folgenden Satz, den Wehling analysiert: „Der Vogel ist am Himmel." Welches Bild haben Sie dabei vor Augen? Höchstwahrscheinlich einen Vogel, der mit ausgestreckten Flügeln am Himmel fliegt. Dabei war im Satz diese Information, welche Pose das Tier am Himmel einnimmt, ganz klar nicht enthalten. Unser Hirn hat hierbei auf einen sogenannten „Frame" zurückgegriffen. Aus der Erfahrung wissen wir: Wenn ein Vogel am Himmel ist, fliegt er wahrscheinlich, und wenn er fliegt, dann hat er wahrscheinlich gespreizte Flügel. Unser Hirn hat diesen Frame (einen Deutungsrahmen) abgespeichert, der diese Informationen miteinander verknüpft. „In einzelnen Worten und Sätzen verbirgt sich immer – und zwar wirklich immer! – mehr an Bedeutung, als zunächst mit bloßem Auge erkennbar ist. Wenn es gilt, Worte oder Ideen zu begreifen, so aktiviert das Gehirn einen Deutungsrahmen, in der kognitiven Wissenschaft Frame genannt. Inhalt und Struktur eines Frames, also die jeweilige Frame-Semantik, speisen sich aus unseren Erfahrungen mit der Welt. Dazu gehört körperliche Erfahrung – wie etwa mit Bewegungsabläufen, Raum, Zeit und

Emotionen – ebenso wie etwa die Erfahrung mit Sprache und Kultur", schreibt Wehling.[135] Wir Menschen denken also über und in Frames. Nur mit diesem Deutungsrahmen können wir Worte verstehen, also gedanklich einordnen und uns einen Reim aus der erhaltenen Information machen. Gleichzeitig beeinflussen diese Frames die Art und Weise, wie wir uns die Welt erklären. Ein simples Beispiel: Unterschiedliche Begriffe rufen unterschiedliche Frames hervor, lösen bei uns dementsprechend auch andere Gefühle aus. Das Wort „Überlebenschance" wird gewiss positivere Assoziationen wecken als das Wort „Sterberisiko". Je nachdem, mit welchen Frames wir eine Situation erklären, schätzen wir diese dann auch anders ein. Wir sind dabei überhaupt nicht so objektiv, wie wir das zumeist glauben. Dazu schildert Wehling eine anschauliche Studie: „Probanden mussten entscheiden, ob Patienten, die an einer schweren Krankheit litten, einen potenziell heilenden Eingriff durchführen lassen sollten oder nicht. Das Risiko, bei dem Eingriff zu sterben, lag bei 10 Prozent. Jene Probanden, denen dieser Fakt als 90-prozentige Überlebenschance kommuniziert wurde, entschieden sich für den Eingriff. Jene aber, denen der Fakt als 10-prozentiges Sterberisiko vermittelt wurde, entschieden sich dagegen (…)."[136] Das ist beeindruckend, denn an sich erhielten beide Gruppen ja dieselbe Information: zehn Prozent Sterberisiko bedeutet im Umkehrschluss neunzig Prozent Überlebenschance. Doch je nachdem, in welchem Framing die Information serviert wurde, nahmen diese die Studienteilnehmer ganz anders auf. Je nachdem, wie eine Information also dargelegt und präsentiert wird, welche Frames dabei aktiviert werden, betrachten die Menschen ein und dieselbe Situation unterschiedlich. Die Flüchtlingsdebatte ist aktuell das anschaulichste Beispiel: Die einen sprechen bereits von einer „gefährlichen Invasion", die anderen von einer „globalen Notsituation". Diese Formulierungen ordnen die Situation auf gänzlich andere Weise ein – sie beziehen sich auf unterschiedliche Frames, obwohl sie über die gleiche Sache sprechen.

Speziell im Internet besteht dabei eine Gefahr: Die Digitalisierung macht es leichter denn je, dass Menschen permanent mit derselben Weltsicht konfrontiert werden, dass sie hauptsächlich mit jenen Informationen in Kontakt kommen, die ihre Meinung bekräftigen. Dies führt zur Sorge, dass wir online in Echokammern sitzen. Doch gerade die Abschottung von anderen Denkmustern ist riskant, geht aus der Kognitionswissenschaft hervor. Der Psychologe Donald Hebb erkannte bereits Ende der 1940er-Jahre, dass unser Hirn Neuronen abfeuert, wenn es eine Idee verarbeitet. Nimmt es dabei mehrere Eindrücke gleichzeitig wahr, stehen beispielsweise mehrere Wörter in einem Satz, dann entstehen zwischen diesen Neuronen synaptische Verbindungen. Je öfter diese Neuronen gleichzeitig aktiv werden, desto stärker ist die Verknüpfung zwischen ihnen. Dies nennt man die Hebb'sche Lernregel. Im Englischen gibt es für dieses Prinzip einen prägnanten Merksatz: „Neurons that fire together wire together." Neuronen, die gemeinsam losfeuern, verbinden sich. Dementsprechend sickern auch Ideen, die in politischen Diskussionen häufig eingebracht werden, zunehmend in die Art und Weise ein, wie Menschen sich dann die Welt erklären. „Je öfter wir Worte oder Sätze hören, die bestimmte Ideen miteinander assoziieren, desto mehr verfestigt sich diese Information in unserer Denkstruktur", sagt Wehling.

Im Kapitel über Lügengeschichten und Fälschungen, die im Internet kursieren, brachte ich das Beispiel eines fiktiven Bürgerkriegs in Schweden. Rechte Blogs behaupten immer wieder, in Schweden gäbe es einen offenen Bürgerkrieg. Das ist sachlich nicht argumentierbar. Worauf sich rechte Blogs im konkreten Anlassfall bezogen, war eine Anschlagserie auf Flüchtlingsheime. Hier wurde somit rechte Gewalt, die vom Großteil der Bürger abgelehnt wird, als „Bürgerkrieg" dargestellt, was ziemlich perfide ist. Aber trotzdem glauben einzelne Nutzer an solch dramatische Zustände in Skandinavien: Sie haben das so oft gelesen, da muss doch etwas dran sein! Wie ausgeführt, wird hier versucht, mit der Quantität einer Meldung über ihre fehlende Qualität hinwegzutäuschen. Das falsch Dargestellte bekommt somit die Möglichkeit sich zu etablieren. Die Theorie des Framings kann erklären, weshalb diese Strategie mitunter bedauerlicherweise aufgeht. So schreibt Wehling: „Je häufiger (...) Ideen sprachlich in einen Zusammenhang gestellt werden, umso mehr werden diese Zusammenhänge Teil unseres ganz alltäglichen, unbewussten Denkens, unseres Common Sense. Denn, wie gesagt, sprachliche Wiederholung stärkt Verbindungen im Gehirn und damit die für uns sinngebenden Frames. Daneben können solche Frames, die nie oder zunehmend weniger über Sprache aktiviert werden, nicht langfristig als gedankliche Alternative bestehen."[137]

Wer also immer nur mit der eigenen Weltsicht konfrontiert wird, wer ständig dieselben Erzählungen hört, dessen Denken versteift sich. Oder anders formuliert werden synaptische Verbindungen dann umso stärker. Im Gegenzug werden Ideen, die man nicht mehr so häufig hört, weniger präsent im Denken, sie treten zunehmend in den Hintergrund. Im schlimmsten Fall ist uns diese Denkweise letztlich sogar fremd geworden. Dies zeigt beispielsweise, warum „Silencing" so gefährlich ist, das wir in Kapitel 7 behandelt haben. Frauen, die beispielsweise gut sichtbar sind und feministisch denken, werden mitunter gar bedroht. Das Ziel dieser Attacken ist, andere Meinungen aus der öffentlichen Debatte verschwinden zu lassen und alle wegzumobben, die einem widersprechen.

Auch aus Sicht der Kognitionswissenschaft ist dies bedenklich. Denn, so noch einmal Wehling: „Ideen, über die nicht geredet wird, haben also keine Überlebenschance in der Demokratie. Ideen, Werte oder Moralvorstellungen, die nicht über Sprache wachgehalten und ausgebaut werden, indem sie immer wieder im Zusammenhang mit aktuellen Themen als Grundlage der Diskussion benannt werden, können neben ihren ideologischen Widersachern nicht dauerhaft bestehen. In einem öffentlichen Diskurs, in dem es an sprachlichen Alternativen mangelt, erodieren gedankliche Alternativen und dadurch letztlich Handlungsalternativen."[138]

Die Sorge um den demokratischen Diskurs im Internet ist mehr als berechtigt, umso wichtiger erscheint es, selbst auch eigene Frames anzubieten. Ich habe beispielsweise auch schon Frames geliefert, mit denen man sachlich argumentativ gegen rüpelhafte Nutzer antreten kann. Im Kapitel zur Meinungs-freiheit erklärte ich beispielsweise, warum dieses ständige Pochen auf Meinungsfreiheit in meinen Augen eine Ausrede ist: Hier wollen viele Menschen nicht einfach ihre Meinung äußern, sondern sogar einen Freibrief zum Mobben anderer Menschen bekommen. Aber so funktioniert unsere demokra-tische Gesellschaft nicht: Die Meinungsfreiheit umfasst nicht das Recht, auf der Würde anderer Menschen herumzutram-peln. Auch schützt die Meinungsfreiheit nicht vor Kritik: Es ist wiederum das Recht der anderen, zu widersprechen, und beispielsweise zu sagen: „Ich finde geschmacklos, was du sagst." Dieser Mut zum Widerspruch bedeutet digitale Zivilcourage. Mit den von mir gewählten Worten und den damit aktivierten Frames versuche ich, Ihnen diese Sichtweise verständlich zu machen. Elisabeth Wehlings Forschung kann einem dabei auch Tipps zur Schärfung der eigenen Argumente geben. Folgende Lektionen lassen sich aus der Frame-Forschung ableiten – und helfen auch im Alltag:

Machen Sie Ihre Sicht der Welt nachvollziehbar! Argumente sind dann besonders überzeugend, wenn sie an Werte appellieren, die andere Menschen teilen. Es ist dementsprechend wichtig, dass man erklärt, welche Überlegungen einen zu einer Sichtweise führen – und die dazu passenden Frames anspricht. Ein simples Beispiel: Manche Nutzer nennen es „Zensur", wenn Onlinemedien ihre Kommentare löschen (meiner Meinung nach ein Missverständnis). Wer es hingegen gut findet, dass hasserfüllte Kommentare entfernt werden, der macht seinen Standpunkt besser verständlich, wenn er stattdessen von „Verantwortung" der Onlinemedien spricht und von „Respekt", der die Grundlage einer sachlichen Diskussion sein soll. Um unser Anliegen verständlich zu machen, können wir Worte verwenden, die zu diesem Anliegen auch passen – und somit die dazugehörigen Frames aktivieren. Uns ist vermutlich gar nicht bewusst, wie stark wir mit Sachlichkeit und Klarheit in der Sprache wirken. Der Kommunikationswissenschaftler Paul Watzlawick sagte einmal: „Man kann nicht nicht kommunizieren." Und Elisabeth Wehlings bedeutende Arbeit lässt sich mit dem Satz zusammenfassen: „Man kann nicht nicht framen." Da wir ohnehin immer Frames bedienen, ist es klüger, jene Worte zu suchen, die unser Anliegen anschaulich machen.

Vermeiden Sie Negation! Im Kapitel zu den Falschmeldungen im Web wurde erwähnt, dass man Richtigstellungen lieber nicht als Verneinung kommunizieren sollte. Das schwächt die Korrektur nämlich ab und ruft ausgerechnet die ursprüngliche Falschmeldung noch einmal in Erinnerung. Negation birgt sogar die Gefahr in sich, dass die widerlegte Aussage dadurch noch bekannter wird. Ein Beispiel hierfür: Der amerikanische Milliardär Donald Trump erklärte 2014 auf Twitter sinngemäß: Die Erderwärmung sei eine Erfindung, die den Vereinigen Staaten viel Geld koste.[139] Es wäre nun naheliegend, einfach darauf zu antworten: „Nein, die Erderwärmung ist keine Erfindung." Doch indem man die Aussage nur verneint, bleibt man argumentativ weiterhin innerhalb des Frames des Diskussionspartners. Man verteidigt den eigenen Standpunkt innerhalb der sprachlichen Parameter, die der andere vorgegeben hat. Das ist eine ziemlich schwache Verhandlungsposition. Wehling erklärt dieses Phänomen sehr gut: „Unserem Gehirn ist es vollkommen egal, ob wir eine Idee bejahen oder verneinen. Es tut in beiden Fällen dasselbe: Es ruft erst einmal die Idee auf, um die es geht. Nur so kann es ja begreifen, was es zu bejahen oder zu verneinen gilt. Eines vermag unser Gehirn nämlich nicht: Ideen nicht zu denken! Versuchen Sie einmal, die folgende Anweisung auszuführen: Denken Sie nicht an Obamas graue Haare!"[140] Natürlich klappt das nicht: Als erstes denkt jeder an Obamas graue Haare. Und dann erinnert man sich: Mist, daran hätte ich jetzt ja nicht denken sollen! Oder fordern Sie einmal jemanden auf, bloß nicht an den blauen Elefanten im Garten zu denken – ein bekanntes Exempel, das die verstärkende Wirkung von Negation heiter veranschaulicht. Dementsprechend ist es wesentlich geschickter, eigene Frames zu setzen und affirmativ den eigenen Standpunkt darzustellen. Zu Donald Trump ließe sich zum Beispiel sagen: „Die Erderwärmung ist real, sie ist messbar und ganz im Gegenteil, Herr Trump, die Menschheit kann es sich nicht leisten, diese Gefahr zu ignorieren."

Nur wie findet man heraus, was man dem Diskussionspartner genau sagen will? Wie macht man verständlich, warum man ein Argument oder eine Formulierung für problematisch hält? „Die tiefe, schwierige Arbeit ist die kognitive Klärung", meint dazu Elisabeth Wehling. Sie empfiehlt hierfür beispielsweise über die Aussage des anderen nachzudenken. Und dann darüber nachzudenken, was einen daran stört. Wenn man den eigenen Standpunkt wirklich durchgedacht hat, kann man daraus auch Formulierungen ableiten, die die eigene Sicht anderen Menschen verständlich machen. Es kommt dann zu einem argumentativen Schlagabtausch und alle Zuhörenden und Mitlesenden können entscheiden, welcher Frame ihnen mehr entspricht. Genau so funktioniert Demokratie: Als Wettstreit von Argumenten, der letztlich auch ein Wettstreit von verschiedenen Werten und Haltungen ist.

In der Flüchtlingsdebatte geht es beispielsweise immer wieder um die Frage, wie viele Flüchtlinge soll das eigene Land aufnehmen? Jene, die möglichst wenige Asylwerber wollen, sagen gerne den Satz: „Das Boot ist voll." Dies bedeutet übersetzt: Unser Staat ist wie ein Boot, ein Boot ist aber nur klein und hat beschränkt Platz, wir haben also jetzt keinen Platz für Flüchtlinge mehr. Dabei wird ein Frame von einem überfüllten Boot aktiviert. Hierauf reagieren Andersdenkende mit

Sätzen wie: „Das Boot ist noch lange nicht voll." Wahrscheinlich wollen sie damit sagen, dass unser Staat eben nicht mit einem kleinen, unsicheren Boot auf hoher See vergleichbar ist, und dass es noch lange genug Raum und Ressourcen gibt. Nur verlassen sie dabei eben nicht den Frame ihres Diskussionsgegners. Sie schwächen also ihre eigene Argumentation ab, oder wie Wehling schreibt: „Egal, wie wir die Metapher vom vollen Boot nutzen, ob wir sagen: ‚Das Boot ist voll', ob wir sagen: ‚Das Boot ist nicht voll', oder ‚Das Boot ist nie voll' – wir kaufen uns sprachlich in die Idee der Nation als Boot ein – mit allen ihren gedanklichen Schlussfolgerungen."[141]

Wer Empathie für die Situation von Flüchtlingen zeigen will, sollte wohl eher dieses Bild von der Nation als wackeliges Boot in unsicheren Gezeiten vermeiden. Bei dieser Formulierung schwingen automatisch viele Ängste mit, auch wenn sie gar nicht so klar ausgesprochen werden. Wie ließe sich das dann anders ausdrücken? Man könnte zum Beispiel sagen: „Wir können nicht von der Not anderer Menschen wegsehen. Sicher ist es bequem zu ignorieren, wie viele Menschen vor Krieg und Terrormilizen fliehen müssen. Verantwortungsbewusst ist diese Vogel-Strauß-Taktik aber nicht."

Zusammengefasst bedeutet all dies: Worte haben eine beeindruckende Macht über unser Denken. Genau aus diesem Grund ist es so wichtig, herabwürdigende Worte nicht einfach unwidersprochen wirken und in die Denkweise vieler Menschen einsickern zu lassen. Das Gute ist: Jeder von uns kann auch an Werte appellieren, die eben nicht von Wut oder Hass geprägt sind, sondern die Menschen an die Sinnhaftigkeit von Toleranz und Mitgefühl erinnern.

10. VON MOBBING BIS DROHUNGEN: WIE MAN SICH JURISTISCH WEHREN KANN

Warum sollten wir den Hass im Netz ernstnehmen? Zum einen eben, weil eine demokratische Debatte auf einem Mindestmaß an Respekt und der Fähigkeit zur Konsensfindung aufbaut – diese wird unmöglich, wenn man ständig mit Beleidigungen, Bedrohungen oder gar Lügen rechnen muss, und zum anderen verdienen Opfer von Hetze und Häme gesellschaftlichen Schutz – verbale Gewalt ist aus diesem Grund per Gesetz verboten.

„Die Meinungsfreiheit endet dort, wo ich beispielsweise die Ehre eines anderen beleidige", sagt die auf Medienrecht spezialisierte Hamburger Anwältin Tanja Irion. Es gibt dermaßen viele Paragrafen, die darauf abzielen, Menschen vor den verletzenden Wortmeldungen anderer zu beschützen, dass es unmöglich ist, sie alle hier aufzuzählen. Einen kompakten Überblick über die größten Problemfelder und wie sich Betroffene dort auch juristisch wehren können, gebe ich in diesem folgenden Kapitel.

Zum einen sind viele Aussagen, die eine Person herabwürdigen oder ihren Ruf besudeln, verboten. Das umfasst Paragrafen wie Beleidigung, üble Nachrede, Verleumdung. Man kann sich übrigens nicht nur gegen verletzende Worte juristisch zur Wehr setzen, sondern auch gegen herabwürdigende Fotos, da auch Bilder Persönlichkeitsrechte verletzen können – dies leitet sich in Österreich aus dem Urheberrechtsgesetz und in Deutschland aus dem Urheberrecht und dem Grundgesetz ab.

Zum anderen schützen diese Gesetze auch einige Gruppen, die besonders von Hassrede betroffen sind. Bei einigen Bevölkerungsgruppen wird konkret verboten, zu Gewalt gegen diese aufzurufen oder den Hass gegen diese anzustacheln. Im österreichischen Strafgesetzbuch wird dies „Verhetzung" genannt, im deutschen „Volksverhetzung". In Deutschland werden Menschen lediglich aufgrund ihrer Herkunft, ihrer Hautfarbe, ihrer Religion oder ethnischen Zugehörigkeit mit dem Volksverhetzungsparagrafen geschützt.[142] In Österreich sind auch hetzerische Kommentare aufgrund des Geschlechts, einer körperlichen oder geistigen Behinderung, des Alters oder der sexuellen Ausrichtung verboten.[143] Hierbei ist eines besonders wichtig: Viele Postings im Netz triefen vor Hass, sie erfüllen aber nicht unbedingt den Verhetzungsparagrafen; dafür braucht es den Vorsatz. Das Gericht muss demnach davon ausgehen, dass der Verfasser einer Aussage wirklich die Menschenwürde dieser Minderheit verletzten wollte. Das achtlose Hinschmettern von Stammtischparolen alleine, bei dem man zwar in Rage, aber nicht voller Absicht handelt, erfüllt diesen Tatbestand nicht. Ruft hingegen jemand wiederholt und dezidiert zu Gewalt gegen eine Randgruppe auf oder legt eine einzelne Wortmeldung den Eindruck nahe, dass dabei ganz bewusst der Hass geschürt wurde, kann dies sehr wohl zu einer Verurteilung führen. In Österreich stehen bis zu zwei Jahre Haft auf dieses Delikt, in Deutschland bis zu fünf Jahre Haft – wobei beiderorts auch Geldstrafen möglich sind.

„Offensichtlich häufen sich die Anzeigen wegen Volksverhetzung. Ich sehe dafür zwei Gründe: Zum einen liegt dies wohl vor allem daran, dass im aktuellen politischen Klima solche Äußerungen gegenüber Flüchtlingen zunehmen. Zum anderen scheint es aber auch so, dass die Bevölkerung mittlerweile zunehmend sensibilisiert ist und solche Vorfälle auch meldet", meint Tanja Irion. Ein aktueller Fall aus Deutschland: Der Chef einer Sicherheitsfirma schrieb auf Facebook: „Meiner Meinung nach brennen noch zu wenig Asylunterkünfte. Offensichtlich ist das der einzige Weg, die Politik wach zu rütteln und zu zeigen, was Demokratie bedeutet, nämlich die Mitbestimmung der Bürger im eigenen Land".[144] Das Amtsgericht in Bautzen (Sachsen) erließ im Februar 2016 deswegen einen Strafbefehl in Höhe von 6000 Euro. Bei Redaktionsschluss war noch ungewiss, ob diese Verurteilung rechtskräftig werden wird.

In Deutschland verbietet der Paragraf zur Volksverhetzung übrigens auch die Verharmlosung, Billigung oder Leugnung der Gräuel des Nationalsozialismus. In Österreich wird dies eigens im Verbotsgesetz geregelt. Wer in einem Facebook-Posting leugnet, dass in den Gaskammern Juden umgebracht wurden, oder wer dies sogar gutheißt, macht sich strafbar. „Damit hat der Gesetzgeber dem besonderen Schicksal der Juden und ihrer Verfolgung während der NS-Zeit Rechnung getragen", erklärt Tanja Irion. Aufgrund ihrer Geschichte sind Österreich und Deutschland besonders sensibel gegenüber Hassrede. Dies belegen auch interessante Zahlen. Im Frühjahr 2015 fragte das US-Meinungsforschungsinstitut Pew Research Center Menschen in den USA und in Europa, ob der Staat Hassrede gegen Minderheiten verbieten soll. Die Zustimmung in Deutschland war unter allen befragten Ländern am höchsten: Sieben von zehn Deutschen sind der Ansicht, dass der Staat hetzerische Aussagen gegen Minderheiten verbieten soll. Zum Vergleich:

Im europäischen Durchschnitt sah das nur jeder Zweite so, in den USA waren gar nur 28 Prozent dieser Auffassung.[145] Die Information ist wichtig, um zu verstehen, dass dieser extreme Hass im Netz zwar deutlich sichtbar ist, aber genau betrachtet keine gesellschaftliche Zustimmung findet.

Natürlich wird der Einzelne auch dann geschützt, wenn er nicht von politisch motivierter Hassrede betroffen ist, sondern aus anderen Gründen belästigt, verunglimpft oder gar gemobbt wird. Mobbing bezeichnet das kontinuierliche Fertigmachen einer Person – ein besonders folgenschweres Vorgehen. Derartige ständige Sticheleien oder Grausamkeiten können Menschen über eine längere Zeit hinweg zermürben und ihnen das Selbstwertgefühl nehmen. Einige der schlimmsten Fälle von Hass im Internet betrafen Mobbing.

Weltweit für Entsetzen sorgte 2012 das Schicksal der 15-jährigen Kanadierin Amanda Todd. Das Mädchen hatte sich etwa zwei Jahre zuvor von einem Fremden online überreden lassen, ihm via Webcam ihren Busen zu zeigen. Der anonyme User erpresste sie daraufhin, schrieb ihr auf Facebook, dass sie weiter für ihn posieren solle, sonst würde er die Bilder an ihre Familie, an ihre Freunde, an ihre Schulkollegen schicken. Schließlich sendete er diese wirklich an ihren Bekanntenkreis. Sie stürzte in Depressionen, begann Alkohol und Drogen zu nehmen und wollte das Haus nicht mehr verlassen. Schließlich zog das Mädchen um, ging an eine andere Schule, fand neue Freunde. Doch auch dort verfolgte sie der Mann: Er legte eigens einen Facebook-Account an – die Aufnahme von Amanda Todds Brüsten verwendete er sogar als Profilbild. In einem YouTube-Video erzählte Amanda Todd von dieser Pein. Sie hält darin etliche Zettel in die Kamera. Auf diesen

Blättern stehen Sätze wie: „Ich weinte jede Nacht, verlor all meine Freunde und den Respekt (…)" Auf einem anderen Zettel ist zu lesen: „Ich kann niemals dieses Foto zurückbekommen." Wie das Mädchen in ihrem Video berichtet, begann sie sich zu ritzen. Schließlich wechselte Amanda ein zweites Mal die Schule. Doch auch dort reagierten Schüler auf das Foto nicht mit Mitgefühl, sondern mit Aggression, schlossen sie aus, terrorisierten sie regelrecht. Auf einem der letzten Blätter, das Amanda Todd in die Kamera hält, steht: „Ich habe niemanden, ich brauche jemanden." Dahinter ist auch noch ein trauriger Smiley zu sehen. Ein Monat nach der Veröffentlichung dieses Videos nahm sich Amanda Todd das Leben.[146] Im Jahr 2014 wurde ein holländischer Staatsbürger verhaftet, dem künftig in Kanada die Anklage bevorsteht. Er steht unter Verdacht, der anonyme Internetuser gewesen zu sein, der Amanda Todd über Jahre hinweg terrorisiert und in den Suizid getrieben hat. Ehe es zu dieser Verhandlung in Kanada kommt, wird der Mann in den Niederlanden wegen des Verdachts, Kinderpornografie aufgenommen und verbreitet zu haben, angeklagt. Bis heute ist dieser Fall in Kanada ein großes Thema.[147]

Auch hierzulande gab und gibt es erschütternde Formen von Mobbing. In Kärnten beispielsweise wurde ein 13-Jähriger über Wochen hinweg in der Schule und im Internet niedergemacht. Schließlich postete ein anonymer Nutzer auf dem Facebook-Profil des Jungen einen Link zu einer pornografischen Seite voller nackter Männer. Dort stand zu lesen: „Du bist ein arschgefickter Homo. Du bist schwuler, als die Polizei erlaubt." Kurz darauf nahm sich der Bursche das Leben.[148] [149] [150]

Besonders grausam an Onlinemobbing ist, dass es die Opfer überall hin verfolgt. Wer früher in der Schule oder am Arbeitsplatz schikaniert wurde, hatte wenigstens abends zuhause Ruhe. Heute müssen Betroffene damit rechnen, dass jederzeit auf ihrem Facebook-Profil oder im Web etwas Verletzendes über sie behauptet wird. Mir erzählte einmal eine Mittzwanzigerin, die von einem Bekannten gemobbt und bedroht wurde, dass sie regelmäßig ihren Namen auf Google und Facebook eintippen musste. Sie überprüft somit, ob er sich schon wieder ein Online-Profil mit ihrem Namen angelegt hatte und unter ihrer Identität Beleidigungen und wirre Behauptungen verfasste. Es wurde noch schlimmer: Der Täter, der laut Gerichtsgutachten an einer „wahnhaften Störung" leidet, sendete ihr auch Morddrohungen. Ein E-Mail trug den Betreff: „hammermord". Im Text stand dann: „ich warte vor deiner haustür und schlage mit meinem hammer in dein gesicht herein."[151]

Damit sich Opfer von digitalem Mobbing auch wehren können, ehe es zu solch deutlichen Morddrohungen kommt, wurde in Österreich ein Straftatbestand gegen die „fortgesetzte Belästigung im Wege einer Telekommunikation oder eines Computersystems" eingeführt. Bei uns ist Cybermobbing somit verboten. Der dafür eingeführte Paragraf sieht vor: „Wer im Wege einer Telekommunikation" eine Person „in ihrer Lebensführung unzumutbar" über „eine längere Zeit" beeinträchtigt, kann zu maximal einem Jahr Haft oder einer Geldstrafe verurteilt werden. Begeht das Opfer Suizid, drohen bis zu drei Jahre Haft. Anfang 2016 trat diese Neuerung in Kraft.[152] Ich halte diese Novelle für sinnvoll, da es anscheinend Fälle gab, in denen zwar über Monate hinweg Menschen belästigt und kontinuierlich seelisch zermürbt wurden, aber die einzelnen Aussagen nicht schwerwiegende Tatbestände wie die „gefährliche Drohung" oder „schwere Nötigung" erfüllten. In diesen Fällen muss die Staatsanwaltschaft ein Ermittlungsverfahren starten und dies prüfen – auch der Cybermobbing-Paragraf ist ein solches Delikt.

Die Rechtslage von Mobbing-Opfern wurde in Österreich somit gestärkt. In Deutschland gibt es bisher keine derartige Regelung – selbstverständlich sind jedoch Straftaten wie die Beleidigung oder die Bedrohung, die beim Mobbing häufig vorkommen, verboten. „Natürlich können sich Opfer von Mobbing auch in Deutschland juristisch zur Wehr zu setzen. Aber wer weiß: Wenn der neue Paragraf in Österreich in der juristischen Praxis gut funktioniert, vielleicht wird ein derartiger Passus auch noch deutsches Recht", sagt die Hamburger Juristin Irion. Der Justizminister von Nordrhein-Westfalen hat dies beispielsweise schon angeregt.

Was können nun Bürger tun, wenn über sie bösartige Behauptungen oder herabwürdigende Bilder online auftauchen? Drei Schritte sind hier wichtig: Erstens den Untergriff dokumentieren, zweitens diesen melden und versuchen ihn gleich aus dem Netz zu bekommen, drittens juristische Schritte ergreifen. Das Allerwichtigste ist, sofort als Beleg einen Screenshot von solchen Beiträgen zu machen, falls der Täter diese später löscht (wie man solche Aufnahmen vom Bildschirm erstellt, erkläre ich im Glossar). Hat man den Vorfall dann dokumentiert, empfiehlt es sich, diesen auch dem jeweiligen Webseitenbetreiber zu melden: Auf sozialen Medien wie Facebook und Twitter kann man sich über verletzende Wortmeldungen beschweren. Handelt es sich um eine extrem bösartige Behauptung, um verletzende Bilder wie Nacktfotos oder sonstige Untergriffe, empfehle ich: Nehmen Sie juristische Hilfe in Anspruch. Ein entsprechend auf das Thema spezialisierter Rechtsanwalt kann auch helfen, das Material möglichst rasch aus dem Netz zu entfernen. Das ist mitunter gar nicht so leicht. Rechtlich ist der Betreiber einer Webseite, der über eine strafrechtlich relevante Aussage informiert wurde, verpflichtet, diese umgehend zu löschen. Oft löst ein Brief vom Rechtsanwalt dabei eine raschere Reaktion aus, als wenn man als Einzelner versucht, auf die eigenen Rechte zu pochen. Erscheint auf einem anonymen Blog ein rufschädigender oder verletzender Beitrag, kann man sich ebenfalls direkt an den Blogbetreiber wenden, der den Dienst zur Verfügung stellt, beispielsweise Google. Schwierig wird es aber dann, Information aus dem Web zu bekommen, wenn diese beispielsweise auf Servern im asiatischen Raum liegt. Diese Server sind in vielen Fällen juristisch nicht greifbar. Dann kann man zumindest probieren, ob das „Recht auf Vergessen" einem helfen kann, das der Europäische Gerichtshof allen Bürgern einräumte: Betroffene können sich demnach an Google und andere Suchmaschinen wenden und verlangen, dass Links zu falschen oder veralteten Informationen über sie aus den Suchergebnissen entfernt werden.[153] Wenn Google sich weigert, kann man dagegen auch vor Gericht berufen oder sich an die Datenschutzbehörde wenden.

„Ein häufiges Problem ist in solchen Fällen, dass einige Täter Anonymisierungsdienste verwenden und sehr geschickt sind, sodass man ihre Identität nicht herausfinden kann", sagt Anwältin Irion. Diese Nutzer verschleiern ihre IP-Adresse, also jene Zahlenkombination, die dem eigenen

Internetaccount zugewiesen wird – und über die der Besitzer des Internetanschlusses in Strafverfahren identifizierbar ist. Die IP-Adresse lässt sich mitunter dermaßen geschickt verhüllen, dass selbst die Behörden in einigen Fällen den anonymen Nutzer nicht ausforschen können. Für die Opfer von Mobbing und andere Formen von Hass im Internet kann dies eine extrem frustrierende Situation sein. Manches Mal findet man nie heraus, beziehungsweise kann nie vor Gericht belegen, wer einem online viel Leid verursachte.

Schon deutlich anders ist dies auf Facebook, erzählt die Wiener Anwältin Maria Windhager: „Die meisten Täter sind dort sogar unter ihrem echten Namen unterwegs. Auf Facebook konnte ihre Kanzlei bisher sogar bei jedem Pseudonym herausfinden, wer dahinter steckt. „Viele Menschen posten ungeheuer viel über ihr Privatleben – das lässt dann auch Rückschlüsse zu, wer sie sind“, erzählt Windhager, ebenfalls eine Expertin für Medienrecht.

Ab wann ist nun der Tatbestand einer Beleidigung oder groben Aussage überhaupt gegeben, um geahndet und verurteilt zu werden? „Garantieren kann man das nie. Jeder Einzelfall ist besonders. Und auch nicht jeder Richter entscheidet gleich. Ein hilfreicher Gradmesser ist aber zumindest die Frage: Ging ein Angriff stark ins Persönliche? Dann steigen die Chancen, dass eine rechtliche Grenze überschritten wurde“, sagt Windhager. Zum Beispiel erfüllen Drohungen, wenn sie nicht persönlich genug sind, aus juristischer Sicht mitunter nicht den Tatbestand der Bedrohung. Dazu habe ich bereits das Beispiel „alle Politiker gehören mit Eisenstangen verprügelt“ gebracht. Hier ist die Personengruppe schlicht zu groß, um als Einzelner vor Gericht gute Chancen zu haben, wenn man sich bedroht fühlt. Anders ist das jedoch, wenn eine Drohung konkret ist und der Eindruck naheliegt, dass die Person dies auch tatsächlich ernst meint. Vor Gericht wird versucht, den gesamten Kontext einer Aussage zu verstehen. Mitunter gibt es auch verbale Ausrutscher, die rechtlich toleriert werden. Fällt am Ende einer längeren Diskussion, die seitens aller Teilnehmer schroff war und sich hochschaukelte, das Wort „Arschloch", hat man als Beschimpfter wahrscheinlich schlechte Karten in einem Verfahren. Ist eine Beleidigung eine „allgemein begreifliche" Reaktion auf ein provokantes oder gar empörendes Verhalten eines anderen, kann dies sogar als Entrüstungsbeleidigung gelten – und diese ist juristisch entschuldigt.[154] Nicht jede Beleidigung, die angezeigt wird, führt somit zu einer Verurteilung. Nur eines ist wichtig: Ganz so locker, wie sich manch ein Internetuser die gesetzlichen Rahmenbedingungen vorstellen mag, sind diese nicht. Online liest man häufig Worte wie „Schlampe" oder „Arschloch". Solche Beleidigungen sind eindeutig klagbar – das Glück vieler Nutzer ist nur, dass sich kaum jemand die Mühe macht.

Zum Thema Meinungsfreiheit möchte ich noch ein interessantes juristisches Erkenntnis erwähnen: Sowohl Bürger als auch Medien haben das wichtige Recht Kritik zu üben. Doch auch Kritik kann zu verletzend werden. Dies illustriert ein berühmter deutscher Fall aus den 1960er-Jahren: Der „Stern" hatte über eine Fernsehansagerin behauptet, dass diese aussehe wie eine „ausgemolkene Ziege", bei deren Anblick den Zuschauern „die Milch sauer" werde. Das Magazin berief sich damals auf die Pressefreiheit. Dieser Argumentation widersprach der Bundesgerichtshof in seinem Urteil vehement: „Dieses Grundrecht wird in seinem

Wesen verkannt, wenn ihm die von einer Verantwortung entbundene Freiheit entnommen wird, Klatsch zu verbreiten und die Berichterstattung auf Kosten der Ehre anderer zugkräftig zu machen."[155] In Deutschland nennt man solche zu stark überspitzten Äußerungen eine „Schmähkritik", in Österreich gilt es als „Wertungsexzess".

Neben Verhetzung, Mobbing, Bedrohung, Beleidigung gibt es eine weitere juristisch spannende Form, auf die ich eingehen möchte: die Satire als Ausrede. Vielleicht erinnern Sie sich: Im Kapitel zu den Lügengeschichten habe ich das Beispiel von Eva Glawischnig gebracht, der Chefin der österreichischen Grünen. Auf Facebook wurden Zitate von ihr verbreitet, die den Eindruck nahelegten, sie fände es gut, wenn Flüchtlinge Frauen vergewaltigen. Ein Bild zeigte etwa das Gesicht der Politikerin und daneben stand der Satz: „Schutzsuchende müssen das Recht haben auf Mädchen loszugehen! ‚Alles andere wäre rassistisch Flüchtlingen gegenüber!'"

Maria Windhager ist auch die Anwältin der Grünen in Österreich und vertritt Eva Glawischnig in diesem Fall. Sie hat gegen mehr als ein Dutzend Nutzer Anzeige eingebracht – jene Accounts, die besonders aktiv oder aggressiv solche Falschmeldung verbreiteten. Den Grünen ging es darum, diese Sujets über die Parteichefin aus dem sozialen Netzwerk wegzubekommen und ein Zeichen zu setzen, dass gewisse Untergriffe im demokratischen Diskurs einfach nicht in Ordnung sind. Die eingenommenen Schadenersatzzahlungen werden übrigens Flüchtlingen gespendet.

In einem solchen Fall hatte ein Österreicher das bereits genannte falsche Zitat auf seiner Facebook-Fanpage „Österreichische Freiheitliche Patrioten" gepostet und dazugeschrieben: „Ihr kann diese Äußerung zugetraut werden." Einige Fans dieser Seiten wurden daraufhin aggressiv, wünschten Glawischnig mitunter gar, selbst Opfer eines Übergriffs zu werden, schrieben beispielsweise „Na dann sollte man ihr gleich mal ein paar vorbeischicken."[156] Der Mann verteidigte sein Vorgehen damit, dass er es als Satire bezeichnete. Überraschenderweise gab ihm der Zivilrichter recht und wertete es als Satire. Diese Entscheidung argumentierte das Gericht damit, dass der durchschnittliche Internetnutzer wohl nicht glauben könne, dass die Grünen-Politikerin so etwas Furchtbares gesagt hätte. Mein Eindruck ist: Womöglich unterschätzte der Richter hier, wie viele Menschen die absurdesten Erfindungen im Internet für wahr halten.

In zweiter Instanz hob das zuständige Oberlandesgericht Graz diese Entscheidung wieder auf. Im Beschluss heißt es: „Der Beklagte hat die Grenzen der zulässigen Kritik in Form eines Wertungsexzesses überschritten, weil er sich für das von ihm geäußerte abfällige Werturteil, mag er es auch als Satire bezeichnen, nicht auf ein ausreichendes Tatsachensubstrat berufen kann. Vielmehr liegt hier der Schluss nahe, dass durch die Veröffentlichung die Klägerin als Bundessprecherin ihrer Partei herabgesetzt und verunglimpft werden sollte."[157] Hinweis: Die Entscheidung ist bei Erscheinen dieses Buchs noch nicht rechtskräftig.

Der Beschluss des Oberlandesgerichts ist auch deswegen hoch interessant, weil darin deutlich gemacht wird, was Satire ist: Satire bezeichnet die Kritik an einem realen Sachverhalt mittels der Überzeichnung dessen. Es handelt sich nicht um Satire, wenn man Menschen rufschädigende Aussagen in den Mund legt und diese dann dafür kritisiert. Denn hier fehlt das Tatsachensubstrat – sozusagen das Fünkchen Wahrheit, das Satire im Kern ausmacht.

Es ist nicht das erste Mal, dass der Begriff der Satire für eine Verächtlichmachung einer Politikerin herhalten muss. Das ist mittlerweile ein gängiger Trick, um mit erfundenen Zitaten Stimmung gegen einzelne Menschen zu machen. So wurde auf Facebook ebenfalls ein Bild von Angela Merkel verbreitet, auf dem ihr folgendes Zitat in den Mund gelegt wurde: „Wir sollten solche Attentate wie in Paris nicht als Islamhass ausschlachten, sondern als einen Teil unseres Lebens akzeptieren, um die Integration unserer muslimischen Mitbürger nicht zu gefährden". Wenn ein Internetuser auf das Bild klickt und es dann in voller Größe angezeigt bekommt, sieht er den lateinischen Hinweis „in Satira Veritas" – in der Satire liegt die Wahrheit. Genau genommen ist hier weder eine Wahrheit noch eine Satire zu finden. Es handelt sich um eine Verunglimpfung der deutschen Kanzlerin, die auf einem falschen Zitat basiert.[158]

Auch von Claudia Roth, der grünen Vizepräsidentin des deutschen Bundestags, kursierte ein gefälschtes Zitat auf Facebook. Ihr wiederum wurde inklusive Interpunktionsfehler angedichtet: „Wir sollten uns stärker an den islamischen Werten orientieren. Der Koran bietet die Lösungsansätze die wir brauchen, um sexuelle Übergriffe auf Frauen effektiv zu unterbinden." Obwohl auch das eine höchst unrealistische Aussage aus dem Mund einer grünen Spitzenpolitikerin ist, fielen hierauf ebenfalls Facebook-Nutzer hinein, waren empört und schimpften über Claudia Roth. Hätten sie ganz genau hingesehen, wäre ihnen in winzigen Lettern jedoch noch das Wort „Satire" aufgefallen.[159]

Ich halte es für sinnvoll, wenn solche erfundenen Sujets in Zukunft häufiger angezeigt würden. Der Hinweis auf Satire hebelt nicht die bestehenden Gesetze aus: Sonst wäre künftig jede Form der üblen Nachrede erlaubt, solange man nur das Wort Satire dazuschreibt. Eine solche Rechtsvorstellung ist grotesk – und in meinen Augen auch eine Beleidigung von Menschen, die wirklich Satire betreiben. Satire ist eine der wichtigsten, wirkungsvollsten und intelligentesten Formen, um über Politik zu sprechen. Oft ist Satire das eindrücklichste Mittel, um auf einen Missstand in unserer Gesellschaft hinzuweisen. Durch ihre Überzeichnung macht Satire viele Themen erst wirklich verständlich. Satire soll in meinen Augen vieles dürfen. Nur handelt es sich definitiv nicht um Satire, wenn jemand etwas Böses erfindet und dann diese sechs Buchstaben dazuschreibt, damit sich scheinbar niemand mehr aufregen kann.

11. DIE MACHT VON HUMOR

Woody Allen sagte einmal: „Ich hasse die Wirklichkeit. Unglücklicherweise ist sie der einzige Ort, an dem man ein gutes Steak zum Abendessen bekommt."[160] Humor kann uns helfen, das Leben leichter zu machen, in vielerlei Hinsicht – auch im Internet. Gerade bei erhitzten Debatten in sozialen Medien kann Humor eine Strategie sein, um die Debatte eine Spur zu beruhigen und in härteren Fällen zu deeskalieren. Wenn jemand online wütend kommentiert, kann eine schlagfertige Antwort das Thema in einen ganz anderen Blickwinkel rücken und eine emotionale Distanz zu dieser Aggression herstellen. Ein Beispiel: Am 19. Februar 2016 postete die Bundestagsabgeordnete Gesine Lötzsch (Die Linke) auf ihrer Facebook-Seite, wie teuer die Auslandseinsätze der Deutschen Bundeswehr seien. Daraufhin schrieb ein User namens Lars Hallatsch: „Darf ich fragen: Wie teuer ist denn die Bewillkommnung, Unterbringung, Verpflegung, Taschengeldgewährung und Rückführung von Wirtschaftsmigraten (sic) und Asylbetrügern?"[161]

Die Antwort des Teams der Politikerin ist ziemlich unterhaltsam. Es schrieb: „Sehr geehrter Herr Lars Hallatsch, wie wir Ihrem Profil entnehmen, haben Sie die Akademie der Sternenflotte besucht. Dann kennen Sie ja auch die Präambel der Charta der Vereinigten Föderation der Planeten, in der es heißt: ‚Wir, die intelligenten Lebensformen der Vereinigten Föderation der Planeten entschlossen uns, die nachfolgenden Generationen vor der Geißel des intergalaktischen Kriegs zu schützen, welcher ungeahnte Schrecken und Leiden in unser planetares Sozialsystem gebracht hat, und bestätigen unseren Glauben an die fundamentalen Rechte von Lebensformen, die Würde und den Wert von intelligenten Lebensformen und Personen, den gleichen Rechten von Männern und Frauen (…).' Wir finden, die Präambel bringt alles auf den Punkt, was zum Thema Freiheit, Würde, Solidarität, Respekt und Toleranz gesagt werden muss. Sie als Absolvent der Sternenflottenakademie sehen das sicher auch so."[162]

Diese Reaktion war ein voller Erfolg. Der TV-Sender „Tele 5" verbreitete einen Screenshot auf Facebook davon – schrieb dazu: „Da entpuppt sich das Team von Dr. Gesine Lötzsch als Star Trek Fan und kontert hervorragend auf eine kritische Frage! Chapeau!"[163] Das Bild erhielt mehr als 2800 Likes und wurde rund 1150 Mal geteilt. Diese Antwort war deswegen so witzig, weil das Team der Politikerin plötzlich eine ganz andere Ebene in die Debatte gebracht hatte: Im einen Moment war noch von Flüchtlingen als teure „Wirtschaftsmigraten" (sic) die Rede, im nächsten Augenblick denkt man an Captain Kirk und Außerirdische mit Antennen auf dem Kopf. Gags funktionieren wegen gedanklicher Überraschungen. Zum Beispiel leben viele Witze davon, dass sie zwei Aspekte, die eigentlich nichts miteinander zu tun haben, verbinden. Das obige Woody-Allen-Zitat ist so ein Fall: Darin wird zuerst ein nahezu philosophisch klingender Gedanke gebracht – und dann eine triviale Information über Steaks hinzugefügt. „Cognitive shift", kognitive Verschiebung, nennt das der amerikanische Humorforscher John Morreall.[164] In seinem Buch „Comic Relief" schreibt der Experte darüber, wie sehr einen Humor entlasten kann. Die Erkenntnisse seiner Arbeit sind auch für die Debatte über das Internet von größter Bedeutung. Humor stellt sowohl eine Deeskalationstaktik als auch Trost dar. Er kann zum einen viel Aggression aus Diskussionen nehmen und einem zum anderen helfen, nicht zu verzweifeln. Das spiegelt sich auch in Bonmots wie „die Lage ist zwar aussichtslos, aber nicht ernst" wider.

Nur warum ist das so – warum lässt uns Humor die Welt plötzlich anders bewerten? Morreall argumentiert, dass die Fähigkeit sich zu amüsieren im Grunde ein Schutzmechanismus ist. Der Mensch kann kämpfen oder wegrennen (im Englischen „fight or flight" genannt), wenn er eine unangenehme Situation erlebt. Aber er kann auch lachen. Dazu schreibt der Forscher: „Um rationale Wesen zu werden, brauchten die Menschen der Frühzeit einen mentalen Modus, in dem sie überrascht sein konnten, speziell bei Niederlagen, ohne dabei fight-or-flight-Emotionen zu zeigen wie Angst und Wut, welche das abstrakte, objektive Denken hemmen. Humorvolle Unterhaltung ist so ein Modus. Indem wir eine Situation witzig finden, können wir unsere praktischen Sorgen zurücklassen und uns über ihre überraschenden Facetten amüsieren. Statt dass wir wegrennen oder kämpfen, können wir ruhig und spielerisch über das nachdenken, was uns passierte. Deswegen hilft Humor Menschen, mit schwierigen Situationen umzugehen, wie Studien aus der Psychologie zeigen. (…) Der Kontrast zwischen Erheiterung und negativen Emotionen zeigt sich sogar in ihrer Physiologie: Emotionen sind im limbischen System unseres Gehirn konzentriert, währenddessen Humor im rationalen Großhirn angesiedelt ist. Humorgetriebenes Lachen reduziert die Herzfrequenz, den Blutdruck, die Muskelspannung und Stressbotenstoffe (Adrenalin, Noradrenalin, Cortisol,

DOPAC) im Blut, die Angst und Wut fördern. (…) Der größte Teil des praktischen Nutzen von Humor beruht auf seiner emotionalen Abkopplung."[165]

Humor hilft uns also, auf Distanz zu unseren eigenen Gefühlen wie Wut oder Angst zu gehen. Eine solche „emotionale Abkopplung" ist etwa bei Krebspatienten zu beobachten, die über ihre Krankheit Witze machen – sie gehen damit auf Distanz zu ihrer eigenen Wut und Trauer. Humor kann die Schwere einer Situation weniger erdrückend machen. Es gibt sogar eigene Bücher, die versuchen, Patienten eine solche Perspektive zu eröffnen. Auch in weitaus harmloseren Szenarien kann Humor helfen, etwas Abstand von den eigenen Gefühlen zu nehmen. Morreall bringt dafür ein gutes Beispiel: Wenn viel Verkehr auf der Straße ist, werden manche Autofahrer schnell zornig. Dazu gibt es den wunderbar entwaffnenden Gag: „Ist Ihnen schon mal auf der Autobahn aufgefallen, dass jeder, der schneller als man selbst fährt, ein Wahnsinniger ist, und jeder, der langsamer ist, ein Trottel?"[166] Ich muss sagen: Seitdem ich diesen Satz kenne, hilft er mir, mich am Lenker etwas zu beruhigen. Zumindest fühle ich mich dann daran erinnert, dass die anderen Autofahrer auch nur Menschen sind – was man in seiner Wut leicht vergisst.

Auch in den sozialen Medien ist Gewitztheit eine Methode, um Menschen von ihrem Grant abzulenken. Die Tageszeitung „Die Welt" ist bekannt dafür, auf Facebook oft keck oder skurril auf Kritik zu reagieren – und manchmal kann man beobachten, wie manch ein Nutzer (der gerade noch wütend schien) beim Herumalbern mitmacht. Zu einem kritischen Artikel über Donald Trump, der im Herbst 2016 für die Republikaner zur US-Präsidentschaftswahl antreten möchte, schrieb ein Leser auf Facebook: „Wenn er dann tatsächlich Präsident werden würde, werden die Medien schnell umschwenken und uns den netten Onkel aus Amerika schmackhaft machen." Die „Welt" antwortete ihm: „Wo wir gerade bei Visionen sind: Kannst du uns die kommenden Lottozahlen sagen? Wir brauchen noch etwas Kleingeld für den Betriebsausflug in die Whisky-Bar." Das schien auch den User zu amüsieren. Er konterte: „1-12-23-34-42-45 gilt aber nur für den Eurojackpot." Danach schrieb er übrigens nichts Erzürntes mehr unter diese Meldung.[167]

Gerade im Internet stellt Humor eine Chance dar: Man kann damit die Stimmung rasch ein bisschen lockerer machen oder zumindest zwischenzeitig die Aggression ausblenden sowie raue Töne etwas abfedern. Wer über etwas lacht, vergisst zumindest diesen Moment lang sich aufzuregen.

Diese wunderbare Eigenschaft, dass uns Humor von Gefühlen ablenken kann, birgt gleichzeitig auch eine Schattenseite, denn mit Witzen lässt sich Mitgefühl ausblenden. Lacht man über jemanden, hat man in diesem Moment kein Mitleid mit ihm. In vielen Fällen ist das halb so wild. Wenn der überzeichneten Comicfigur Daffy Duck ein riesiger Amboss auf den Kopf fällt, muss man kein Mitleid mit dem Erpel haben. Deutlich anders ist dies aber, wenn ein Witz speziell davon lebt, sich über das Leid einer Minderheit lustig zu machen. Vielleicht können Sie sich noch erinnern, ich habe ein derartiges Beispiel bereits gebracht. Auf Facebook postete ein Nutzer das Foto einer SS-Offizierskappe: schwarz und mit dem Totenkopf darauf. In dieses Bild wurde auch der Satz eingefügt: „Liebe Flüchtlinge, an diesen Mützen erkennen Sie Ihren Sachbearbeiter."[168] Menschenverachtende Scherze wie diese werfen Fragen auf: Wo verläuft die Grenze zwischen einem zulässigen Witz und einem unzulässigen Witz? Und gibt es so etwas wie einen unzulässigen Witz überhaupt?

Beantworten wir dies zuerst juristisch: Hier gibt es eindeutige Grenzen, die Gerichte basierend auf bestehenden Gesetzen ziehen, dazu sei an den Fall der Nachrichtenmoderatorin erinnert, die der „Stern" als „ausgemolkene Ziege", bei deren Anblick den Zuschauern „die Milch sauer" werde, beschrieb. Wahrscheinlich fand der zuständige Redakteur das lustig – das Gericht allerdings nicht. Wenn ein Witz zu sehr die Ehre einer Person verletzt, wenn ihr darin eine verächtliche Eigenschaft angekreidet wird, also üble Nachrede passiert, dann verletzt dies mitunter die Rechte des Betroffenen. Juristisch betrachtet gibt es selbstverständlich Witze, die nicht zulässig sind. Auch bei dem Foto von der SS-Offizierskappe ist es möglich, dass dieses noch strafrechtlich verfolgt wird – immerhin wurde hier ein Uniformstück aus der NS-Zeit in einer billigenden oder gar erfreuten Tonalität hergezeigt.

Aus ethischer Sicht ist die Frage, ab wann ein Scherz zu weit geht, schon deutlich schwerer zu beantworten. Um eine Antwort hierauf zu finden, habe ich beispielsweise die Satire-Seite dietagespresse.com kontaktiert, die jeden Tag erfundene Nachrichten bringt – offiziell bezeichnet sich die „Tagespresse" als „Österreichs seriöseste Onlinezeitung". Auf der Webseite sind Schlagzeilen zu finden wie: „‚Gebe immer 100%': Blutspender tragisch verstorben."[169] Oder, deutlich politischer: „‚Müssen Sachsen unterstützen': Strache schickt Hilfspaket mit Molotow-Cocktails." Dieser satirische Eintrag tut so, als würde der österreichische Rechtspopulist Heinz-Christian Strache gewaltbereite Rechte in Deutschland unterstützen. Im Text erklärt dann ein Rechtsextremist: „Wir werden hier politisch verfolgt (...) Ich frage mich schon, ob wir noch Meinungsfreiheit haben in Deutschland, wenn man anscheinend nicht mal mehr ein Asylwerberheim anzünden darf."[170]

Die „Tagespresse" wurde von Fritz Jergitsch, einem 24-jährigen Wiener Satire-Blogger gegründet. Ich fragte ihn, wo er für sich selbst die Grenze zieht. „Wir halten uns an den Grundsatz, dass wir nicht auf die Untersten in unserer gesellschaftlichen Rangordnung hinhauen. Satire ist schließlich eine Form von Kritik. Wir fragen uns deswegen stets: Wen wollen wir eigentlich kritisieren?", meinte er. Ich finde die Antwort recht gut, da Jergitsch gar nicht versucht, eine allgemein gültige Grenze zwischen einem vermeintlich guten und einen vermeintlich schlechten Witz zu ziehen. Jedoch – und dies ist wichtig – gibt es Leitlinien, sofern es einem wichtig ist, mit seinem Witz nicht auf den Benachteiligten in unserer Gesellschaft herumzutrampeln. Die entscheidende Frage lautet: Schwächt mein Witz eine Menschengruppe, die ohnehin schon eine schwache Position in unserer Gesellschaft hat?

Dazu zwei Witze im Vergleich: Zwei Rechtsanwälte sind campen und sehen am frühen Morgen einen Grizzly-Bären auf sie zulaufen. Der eine Rechtsanwalt zieht sich hastig die Turnschuhe an. Der andere meint: „Bist du verrückt, du kannst doch nicht schneller als ein Grizzly laufen!" Darauf sein Kollege: „Ich muss nicht schneller als der Bär sein. Ich muss nur schneller sein als du.“[171]

Das zweite Beispiel: Was ist der Unterschied zwischen einem Flüchtling und einem Stück Holz? Das Holz kann wenigstens schwimmen.[172]

Im zweiten Beispiel werden Menschen, die im Mittelmeer ertrinken, verlacht und verhöhnt. Dabei wird ein simpler „Cognitive Shift“ angewendet: Ein Flüchtling wird mit etwas ganz anderem verglichen, einem Stück Holz. Die vermeintlich witzige Überraschung ist hier, dass das Holz bessere Eigenschaften hat als der Flüchtling. Eine Pointe voller Verachtung.

Den ersten Witz hingegen finde ich wirklich lustig, der Humorforscher John Morreall bringt ihn als Beispiel. Auch hier wird sehr stereotyp über eine Minderheit in der Gesellschaft (die Juristen) gewitzelt. Die Pointe legt nahe, dass diese berechnend und auf ihren Vorteil bedacht sind – was natürlich keine positiven Eigenschaften sind. Jedoch gibt es einen wesentlichen Unterschied zwischen dem Scherz über die Rechtsanwälte und vielen Witzen über Flüchtlinge, über Frauen, über Schwule oder Schwarze: Die darin angesprochene Minderheit wird nicht diskriminiert. Rechtsanwälte sind sogar eine äußerst renommierte Gruppe: Sie haben eine erstklassige Reputation in unserer Gesellschaft und wenn über ihre toughe und kalkulierende Art gewitzelt wird, dann schadet ihnen dies nicht beruflich oder menschlich – dabei schwingt sogar Ehrfurcht mit. Anders ist dies jedoch bei vielen anderen Gruppen, über die oft gescherzt wird, erklärt Experte Morreall: „All dies steht in einem krassen Unterschied zu dem Schaden, der Schwarzen, Frauen und

Homosexuellen zugefügt worden ist aufgrund der Stereotypen, die über sie zirkulierten. Diese wurden nicht nur
beleidigt, sie wurden auch schon in ihrem Wahlrecht diskriminiert, in der Möglichkeit, Land zu kaufen, oder vor
Gericht aufzutreten. Rassistische und sexistische Stereotype
kosteten sie Geld, Respekt, Status und Einfluss. Das ist genau
der Grund, warum so viele Menschen sexistische und rassistische Witze ablehnen. (…) Die Stereotypen, die von Witzen
aufrechterhalten werden, sind eher verwerflich, wenn sie
sich auf Menschen beziehen, denen es an sozialen Status und
Macht fehlt, sowie wenn diese Stereotypen Teil eines gesellschaftlichen Systems sind, das sie marginalisiert und sie 'an
ihrem Platz hält.'"[173]

Humor kann also durchaus eine Waffe sein. Meines Erachtens ist es nicht „humorlos", dies anzumerken und anzukreiden. Gerade wenn man die Kunst eines guten Witzes
wertschätzt, ist es sinnvoll, nicht so zu tun, als sei jeder Gag
gleich intelligent, gleich lustig oder gleich reflektiert.
    Gleichzeitig kann Humor aber auch entwaffnend sein.
Wer beispielsweise über sich selbst lachen kann, der nimmt
seinen Kritikern oft die Angriffsfläche weg. Im Optimalfall
wollen diese Kritiker dann auch gar nicht mehr angreifen,
weil sie die eigene Wut vergessen oder gar Respekt vor einem
gelernt haben. Dazu abschließend noch zwei kecke Beispiele:
    J.K. Rowling, die Autorin der „Harry Potter"-Romane,
ist für ihre gewitzten Tweets bekannt. Als ein User einmal
meinte, man sollte all ihre Bücher verbrennen, schrieb sie:
„Book burnings! I'll bring marshmallows."[174] Statt sich aufzuregen, bot sie also an, zum Verbrennen ihrer Bücher
auch Marshmallows zum Grillen mitzubringen. Eine

skurrile Vorstellung: Zuerst denkt man womöglich an einen wütenden Mob, dann an ein behagliches Lagerfeuer, über dem auch Marshmallows geröstet werden – ein klassischer Cognitive Shift. Rowlings Tweet ist lustig. Gewitzt drückt sie hier aber auch aus: Sie lässt sich von solchen aggressiven Wortmeldungen nicht einschüchtern. Humor ist eine wunderbare Reaktion, um verbale Untergriffe an sich abprallen zu lassen. Dazu schrieb auch schon Sigmund Freud: „Der Humor hat nicht nur etwas Befreiendes wie der Witz und die Komik, sondern auch etwas Großartiges und Erhebendes (...). Das Großartige liegt offenbar im Triumph des Narißmus, in der siegreich behaupteten Unverletzlichkeit des Ichs. Das Ich verweigert es, sich durch die Veranlassungen aus der Realität kränken, zum Leiden nötigen zu lassen, es beharrt dabei, daß ihm die Traumen der Außenwelt nicht nahegehen können (...).“[175]

Das zweite Beispiel einer unterhaltsamen Reaktion stammt vom britischen Sänger James Blunt. Auf Twitter wird auch er von einigen Menschen verehrt – und ist bei anderen verhasst. Regelmäßig tweeten User, wie sehr sie seine Popsongs und auch den Musiker selbst verachten. Ein Engländer schrieb einmal: „@JamesBlunt sieht aus wie mein linker Hoden.“[176] Daraufhin antwortete der Künstler: „Dann solltest du dringend zum Arzt gehen.“[177] Der User hatte offensichtlich keine Sekunde damit gerechnet, dass Blunt auf solche Weise antworten würde. Er schrieb: „ICH GLAUBE ES NICHT.“ Und danach: „Er ist nun mein liebster Prominenter.“[178]

Blunts Rückmeldung war in der Tat beeindruckend. Er hätte jedes Recht gehabt, wütend zurückzuschreiben oder den Nutzer einfach zu ignorieren. Stattdessen nutzte er diesen aggressiven Tweet als Steilvorlage für einen Witz. Die Vorstellung, dass eines der Geschlechtsteile dieses englischen Twitter-Users aussieht wie der britische Sänger mit den blauen Augen und dem nachdenklichen Blick ist kurios. Sein Gag ist vor allem deswegen so sympathisch, weil der Popstar sich dabei selbst nicht zu ernstnimmt. Das hat ihm übrigens einen neuen Fan beschert. Der Engländer, der Blunt mit einem Geschlechtsteil verglichen hatte, schrieb schließlich: „Ich wünschte, ich hätte seine Pfiffigkeit."[179]

12. WAS JEDER VON UNS TUN KANN

Am einfachsten wäre es, auf Hass im Netz einfach mit noch mehr Hass zu reagieren. Das ist oft sogar die naheliegendste Reaktion, wenn man beschimpft oder verschmäht wird. Ein Blick in die sozialen Medien zeigt, dass Aggression meist noch mehr Aggression hervorruft. Mittelfristig ist dies aber keine kluge Idee. Zum einen vergiften Beschimpfungen das Klima. In dem Moment, wenn ein Schimpfwort oder eine persönliche Beleidigung fällt, verschärfen sich die Fronten, die Debatte ist dann bereits polarisiert und Menschen tun sich zunehmend schwer, noch argumentativ aufeinander zuzugehen. Dies haben Forscher der University of Wisconsin beobachtet und nennen dies den „Nasty Effect" (Kapitel 5), den „fiesen Effekt", denn es ist schon ziemlich fies, dass man den Versuch einer sachlichen Diskussion rein mit Aggression, ganz ohne Argumente, kaputtmachen kann.

Zum anderen bringt uns diese Aggression weder inhaltlich noch menschlich weiter. Ganz zu Beginn dieses Buchs habe ich von der Online-Enthemmung erzählt, die der Psychologe John Suler beobachtete: Etliche Faktoren des Internets führen dazu, dass sich Menschen weniger zurückhalten und seltener ihre aggressiven Impulse unterdrücken. Suler spricht hier von „toxischer Enthemmung" (siehe Kapitel 2). Er bezweifelt, dass diese weniger unterdrückte Wut irgendeinen Mehrwert hat oder Menschen hier etwas dazulernen – er nennt dies „schlichtweg eine blinde Katharsis, ein Ausleben niederträchtiger Bedürfnisse und Wünsche ohne auch nur irgendein persönliches Wachstum."[180] Dazu passend auch der Gedanke, den TV-Moderatorin Dunja Hayali aufwarf:

„Glaubt eigentlich irgendjemand, dass das irgendetwas bringt, dieser ganze Hass?"[181] Hass zu säen bringt eigentlich nur jenen etwas, die Hass ernten wollen.

Dieses Klima der Aggression müssen wir nicht einfach so hinnehmen. Wie das Internet aussieht, ist nicht in Stein gemeißelt. Das Design von Webseiten folgt keinen Naturgesetzen, es wird von Menschen gemacht. Jeder einzelne Nutzer hat einen gewissen Handlungsspielraum, innerhalb dessen er selbst bestimmen kann, in welcher Tonalität er auf andere zugeht und wann er das Wort ergreift. Auch wenn sich das oft nicht so anfühlen mag: Jede Stimme macht einen Unterschied. Ich will dies anhand eines Experiments erklären, das der Psychologe Solomon Asch schon in den 1950er-Jahren in den USA durchführte. Er setzte dabei sieben bis neun „Studienteilnehmer" an einen gemeinsamen Tisch: Man zeigte den Probanden vier Striche auf Papier. Zwei dieser Striche waren stets gleich lang – und es war immer leicht erkennbar, welche Linien dieselbe Länge hatten. Diese Aufgabe war bewusst leicht gehalten. Die Teilnehmer sollten der Reihe nach sagen, welche beiden Striche gleich lang waren. Zumindest hatte es diesen Anschein: Tatsächlich war nur einer der Probanden im Raum tatsächlich ein Studienteilnehmer, allen anderen waren instruiert worden, was sie im Experiment sagen sollten. Die ersten Runden lang identifizierten alle Teilnehmer die Striche mit selber Länge auf korrekte Weise. Doch dann begannen die instruierten Anwesenden, stets einstimmig zwei falsche Linien als gleich lang zu bezeichnen. Für den alleingestellten Studienteilnehmer musste das eine äußerst irritierende Situation gewesen sein: Seine Augen und sein Verstand sagten ihm eindeutig, welche Linien gleich lang waren, nur alle anderen in Raum behaupteten einheitlich etwas anderes. Viele Studienteilnehmer wurden dadurch verunsichert. Sie schlossen sich häufig der Mehrheit an, obwohl sie genau sehen konnten, welche Linien gleich lang waren. Im Nachhinein wurden die Teilnehmer zu ihren Eindrücken befragt: Viele gaben zu, dass sie wissentlich falsche Antworten geliefert hatten, da sie sich nicht gegen die einstimmige Mehrheit stellen wollten. Andere hingegen schienen gar an sich selbst zu zweifeln sowie an ihrer Fähigkeit, die Linien richtig zu erkennen. Generell war das Ganze für die Studienteilnehmer keine angenehme Situation gewesen. Wirklich spannend ist aber, dass der Psychologe Asch dieses Experiment mehrere Male mit leichten Variationen wiederholte. Er testete dann auch, ob es einen Unterschied machte, wenn die (falsch liegende) Mehrheit nicht mehr einstimmig war, sondern eine einzelne Person von der Mehrheitsmeinung abrückte. Dies brachte einen enormen Unterschied im Ergebnis. „Die Anwesenheit eines unterstützenden Partners nahm der Mehrheit viel von ihrer Macht. Deren Druck auf das widersprechende Individuum wurde auf ein Viertel reduziert. Das bedeutet, die Probanden antworteten nur mehr ein Viertel so oft falsch, wie sie das getan hatten, als es den Druck einer einstimmigen Mehrheit gab", schrieb Asch zum Resultat.[182] Übrigens fühlten sich die Studienteilnehmer selbst dann sicherer zu ihrer Meinung zu stehen, wenn der andere abweichende Befragte zwar der Mehrheit widersprach, aber selbst eine falsche Antwort lieferte. Diese Untersuchung zeigt, wie viel Bedeutung bereits eine einzelne widersprechende Stimme hat.

Aus heutiger Sicht, mit Blick auf das Internet, ist diese Experimentreihe aus den 1950er-Jahren spannend. In den digitalen Echokammern, in denen oft dieselbe Meinung zirkuliert, ist die Gefahr umso höher, dass Widerspruch ausbleibt. Das krasseste Beispiel hierfür sind so genannte Shitstorms. Das sind Wuteruptionen im Netz, bei denen sich eine große Zahl empörter Internetbenutzer verbal gegen eine Person, ein Unternehmen oder eine Gruppe richtet. Ein Shitstorm wird durch eine Aussage oder eine Aktion aus- gelöst, die Menschen verärgert – das Interessante ist aber, dass die Kritik mit Fortschreiten eines Shitstorms oft umso diffuser wird und manch eine Wortmeldung am Ende gar nichts mehr mit der ursprünglichen Aufregung zu tun hat. Wer im Auge eines solchen Sturms steht, wird somit auch zum Blitzableiter für allerlei andere negative Gefühle.

Einer der berühmtesten Shitstorms betraf Justine Sacco, damals PR-Frau eines großen Unternehmens, die im Dezember 2013 von New York nach Kapstadt flog. Bei der Zwischenlandung in London schrieb sie auf Twitter: „Going to Africa. Hope I don't get AIDS. Just kidding. I'm white!" Auf Deutsch in etwa: „Am Weg nach Afrika. Hoffe, ich kriege kein Aids. Scherz. Ich bin ja weiß!" Der Tweet empörte User, sie fanden die Wortmeldung verletzend, teilten diese aus Empörung; sie kritisierten Sacco hunderte Male, dann tausende Male. Sie hatte zwar damals nur 170 Twitter-Fol- lower gehabt, ihr Beitrag erreichte aber ein Millionenpub- likum. Als Justine Sacco aus dem Flugzeug ausstieg, war sie nicht nur zum wichtigsten Thema auf Twitter geworden – sondern auch zu einer digitalen „persona non grata". Sie verlor infolgedessen auch ihren Job.[183]

Der Fall ist interessant, weil er einiges über digitale Wuteruptionen verrät: Diese entstehen dann, wenn das Ver- halten einer Person andere Menschen auf die Palme bringt.

Manche Shitstorms haben als Anlassfall eine harmlose oder gar berechtigte Aktion, die aber einem Teil der Bürger missfällt. Andere Shitstorms basieren auf einer tatsächlich groben oder gar verletzenden Aussage. Justine Saccos Witz kränkte Schwarze und Afrikaner – sowie Menschen, die an Aids erkrankt sind. Was Shitstorms aber so unbehaglich macht, ist, dass sie eine unberechenbare und erdrückende Größe erreichen können. Die Wortmeldung von Sacco war unüberlegt, sie wurde von vielen rassistisch gefunden, aber hat sie wirklich verdient, von tausenden Menschen dafür gehasst zu werden, ihren Job zu verlieren und auch noch ausgelacht und verhöhnt zu werden, weil sie nun arbeitslos ist? Der Preis, den sie für diesen Tweet zahlen musste, war exorbitant hoch. Noch dazu stellte sich später heraus: Sie hatte dies ironisch gemeint – nur war dies niemandem aufgefallen.

Interessanterweise kann früher Widerspruch verhindern, dass ein Shitstorm überhaupt so groß wird. Wenn alle Menschen im eigenen digitalen Umfeld auf eine Person oder ein Unternehmen hinhauen, fühlt man sich mitunter bestärkt mitzuschimpfen. Wenn sich aber eine Person, die man schätzt, gegen diese Wut ausspricht, hält man sich schon eher zurück. Dies argumentiert beispielsweise der Informatiker Jürgen Pfeffer in einem wissenschaftlichen Aufsatz zusammen mit Kollegen. „Trifft man auf Menschen, die dieselbe Meinung haben, stabilisiert das einen in seiner Sichtweise (...), wohingegen negatives Feedback diese destabilisiert", schreiben die Forscher in der Fachzeitschrift „Journal of Marketing Communications". Empörung lässt sich mitunter also eindämmen, wenn Menschen in ihrem digitalen Freundeskreis früher Gegenstimmen zu dieser Aufregung wahrnehmen.[184]

Gerade in Zeiten digitaler Echokammern, in denen oft eine stark einheitliche Meinung herrscht, kann es sinnvoll sein, das Wort zu ergreifen. Zum Beispiel dann, wenn man das Gefühl hat, eine Person oder Institution wird nun über Gebühr kritisiert. Die Experimente von Solomon Asch aus den 1950er-Jahren legen nahe, dass auch eine einzelne Wortmeldung andere dazu bringen kann, einer uniformen Mehrheitsmeinung zu widersprechen – und womöglich kann dies die Eruption von Wut sogar abschwächen oder unterbrechen. Das ist aber längst nicht das einzige, was jeder und jede von uns tun kann. Ich habe bereits erklärt, wie wichtig es ist, das Wegmobben einzelner Personen oder Gruppen zu verhindern; woran man Lügengeschichten erkennen kann und wie man eine geschickte Korrektur auf eine solche Fehlermeldung verfasst; wie man die richtigen Worte für sein Anliegen finden kann – mit Hilfe des Framings; und wann sich Betroffene beispielsweise juristisch zur Wehr setzen können. Hier noch ein paar weitere Tipps, die helfen können, auf rabiate User zu reagieren oder das allgemeine Diskussionsklima wieder etwas sachlicher zu machen.

- Eine wichtige Frage bei vielen Diskussionen im Netz lautet: Ist mein Gegenüber zu einer sachlichen Debatte noch bereit? Hier kann der erste Eindruck durchaus täuschen. Manch ein anfangs aggressiver Diskussionspartner wird umgänglich, wenn man ihm – trotz seiner Ruppigkeit – mit Respekt antwortet. So absurd das klingt: Manche Menschen muss man daran erinnern, wie wichtig freundliche Umgangsformen sind, das funktioniert zum Teil sogar. Ganz zu Anfang dieses Buchs habe ich das Beispiel des Technikjournalisten

David Pogue gebracht, der auf harte Leser-Mails sachlich reagiert und schreibt: „Ich antworte gern Ihren Bedenken, wenn Sie Ihre Nachricht nochmal schicken können, ohne dabei ausfällig zu werden." In etlichen Fällen entschuldigen sich Menschen dann tatsächlich, weil ihnen mit ein wenig Reflexion die eigene Tonalität unangenehm ist. Jedoch nicht alle lassen sich hiervon beeindrucken (siehe nächster Punkt).

– Benennen Sie unfaire Diskussionsstile: Nicht jeder ist an einer fairen Diskussion interessiert – und Sie werden derartige Rüpel oder Glaubenskrieger oft auch mit freundlichen Worten nicht zum sachlichen Argumentieren motivieren können. In solchen Fällen hilft es zumindest, dieses problematische Verhalten zu thematisieren. Sie können beispielsweise schreiben: „Du beleidigst jeden, der anderer Meinung ist. Das ist kein fairer Diskussionsstil." Ein solcher Ordnungsruf wird den Glaubenskrieger zwar nicht beeindrucken, aber zumindest ist dann für Mitlesende sichtbar, dass hier unfaire Methoden zum Einsatz kommen. Glaubenskrieger labern außerdem gerne alle anderen zu. Sie schreiben elendslange Kommentare und werfen darin unterschiedlichste Behauptungen ein – das soll den Eindruck geben, als hätten sie den totalen Durchblick. Gleichzeitig vermeiden sie mit den vielen eingeworfenen vermeintlichen Argumenten, dass über irgendein Thema dann im Detail diskutiert wird. Sie können aber auch dieses Verhalten thematisieren. Fragen Sie zum Beispiel nach, was ein Nutzer mit einer konkreten Behauptung denn meint: In vielen Fällen wird er dann vage werden, inhaltlich umherspringen oder Ihnen den Link zu einem obskuren Blog im Internet servieren. Wenn jemand dauernd ausweicht und ständig neue Aspekte einwirft, nennt sich das Themen-Hopping. Im Ratgeber namens „Viraler Hass" über rechtsextreme Strategien in sozialen Netzwerken erklärt die Amadeu-Antonio-Stiftung dieses Vorgehen folgendermaßen: „Statt beim eigentlichen Thema zu bleiben, werfen die Initiatoren mit verschiedenen Diskussionsansätzen nur so um sich. Für die anderen Diskussionsteilnehmerinnen und -teilnehmer ist es unmöglich, jedem Argumentationsstrang zu folgen."[185] Auch dies können sie ansprechen und beispielsweise schreiben: „Die Taktik, die du anwendest, nennt sich Themen-Hopping. Statt auf ein Thema wirklich einzugehen und auf Gegenargumente zu antworten, wirfst du ständig neue Behauptungen ein. So lässt sich nicht diskutieren." Damit werden andere Mitlesende zumindest gewarnt.

– Geben Sie die Grundregeln vor: Auf ihrem Facebook-Profil oder ihrer eigenen Webseite oder Blog sind Sie der Gastgeber, sie können dementsprechend auch die Regeln definieren. Zum Beispiel diskutiere ich gerne auf meinem Facebook-Profil, immer wieder kommt es zu regem Austausch. Ich achte dabei auf folgende Grundsätze: Niemand soll Schimpfworte verwenden – egal gegen wen oder worum es geht. Wenn man in einer erhitzten Debatte eine Behauptung aufstellt, dann soll man diese mit einem Link oder einer klar ersichtlichen Quelle untermauern. Führt der angebotene Link zu einer unseriösen Quelle, wird dies von mir offengelegt und thematisiert. Zwar bewirken auch klare Regeln nicht, dass sich alle daran halten. Aber so wird wenigstens für alle ersichtlich, welche Form von Diskussion man sich erwartet und wünscht – und aus welchen Gründen notfalls ein User ausgesperrt werden muss.

– Ziehen Sie sich nicht zu tief in die Echokammer zurück: Seiten wie Twitter und Facebook ermöglichen es einem andere User zu blocken. Diese können bei einem dann nicht mehr mitlesen und man selbst bekommt auch nichts mehr von ihnen mit. Diese Blockier-Funktion ist in vielen Fällen wohltuend oder sogar ein notwendiger Schutz, zum Beispiel wenn einen ein Nutzer wiederholt schikaniert. Blocking ermöglicht emotionalen Abstand. Jedoch: Die Funktion birgt auch die Gefahr, dass man anfängt, alles wegzublocken, was einem nicht ins Weltbild passt. Im schlimmsten Fall siegelt man sogar die eigene Echokammer hermetisch ab. Ich empfehle einen behutsamen Umgang mit dieser Funktion. Wenn Sie unsicher sind, ob Sie jemanden blocken wollen, können Sie mitunter gar ein klärendes Gespräch suchen. Das tut zum Beispiel Eric Jarosinski, besser bekannt als @NeinQuarterly auf Twitter. Der Amerikaner ist eine Art Twitter-Berühmtheit, er hat mit seinen gewitzten Tweets über Philosophie mehr als 120.000 Follower gesammelt. Jarosinski erlebt ebenfalls häufig Sticheleien und erzählt: „Anfangs blockte ich User, die böse Kommentare über mich verfassten. Eines Tages kontaktierte mich ein geblockter Nutzer und bat mich, ihn doch wieder zu entsperren – wir kamen daraufhin ins Gespräch. Seit damals kontaktiere ich Menschen eher per privater Nachricht und spreche sie auf ihr Verhalten an. Ich frage sie, ob sie ihre eigenen Worte angemessen finden. Häufig gestehen diese dann ein, dass sie einen schlechten Tag hatten und das an mir ausgelassen haben. Es kostet zwar Energie, solche User anzuschreiben, aber es bewirkt mehr als das reine Blocking. Es bietet auch die Möglichkeit, diese Aggression aufzuarbeiten."

– Im persönlichen Gespräch findet man mitunter auch mehr Gehör: Nehmen wir an, eine alte Schulfreundin von ihnen postet auf Facebook in letzter Zeit extrem unseriöse Informationen und fällt sogar auf Lügengeschichten hinein. Wenn Sie das stört, empfehle ich Ihnen, die Bekannte anzuschreiben und auf Augenhöhe ein Gespräch mit ihr zu führen. In einer privaten Unterhaltung sind Menschen mitunter umgänglicher als wenn sie vor all ihren Facebook-Freunden auf ihr Verhalten angesprochen werden und das Gefühl haben, sie werden dabei bloßgestellt.

Sachliches Diskutieren ist im Internet alles andere als leicht. „Das Schwierige ist nämlich: Wer sachlich argumentiert, hat es immer schwerer. Er trägt immer eine höhere Beweislast, weil er ja versucht, seine Argumente zu belegen. Die andere Seite jedoch kann immer etwas erfinden, sie kann auch emotionalisierende Parolen einwerfen. Es ist leider leichter zu diskutieren, wenn man sich an keine Regeln halten muss", erzählt Barbara Unterlerchner. Die Juristin weiß das aus Erfahrung, sie hält Trainings gegen rassistische Sprache und Hass im Internet für die österreichische Antirassismus-Beratungsstelle Zara; in diesem Zusammenhang tritt sie in

Schulen auf und sensibilisiert Jugendliche für dieses Thema. Gemeinsam werden dann mögliche Antworten auf untergriffige Behauptungen erarbeitet, erzählt sie: „Es gibt kein Patentrezept, um auf hasserfüllte Kommentare im Netz zu reagieren. Aber eine Frage ist hilfreich: Was will ich überhaupt erreichen? Ich kann versuchen, den Gesprächspartner zu überzeugen – das ist aber die schwierigste Aufgabe. Ich kann versuchen, die Situation zu stoppen, zum Beispiel, indem ich vom Thema ablenke. Oder ich kann das Opfer in Schutz nehmen." Eine insgesamt wichtige Erkenntnis. In den allermeisten Onlinediskussionen wird man Menschen nicht überzeugen können, die Frage ist dann also: Wenn ich jemanden nicht auf meine Seite holen kann, was kann ich stattdessen in der Diskussion bewirken?

Der digitalen Debatte würde eine stärkere Kultur des „let's agree to disagree" guttun – bei der man sich zwar nicht einig ist, aber dies nicht in verbitterte Streitigkeiten ausarten muss. Stattdessen herrscht oft jedoch das Denkmuster SIWOTI, kurz für „someone is wrong on the internet." Diese Formulierung stammt aus dem Webcomic xkcd.com, das der Amerikaner Randall Munroe zeichnet. Auf einem seiner Cartoons sieht man ein Strichmännchen, es sitzt vor dem Computer. Eine Stimme aus dem Off fragt: „Kommst du jetzt ins Bett?" Daraufhin das Männchen: „Ich kann nicht. Das ist wichtig. Jemand hat Unrecht im Internet." Im englischen Original lautet der Satz: „someone is wrong on the internet."[186] Die Zeichnung spielt ironisch darauf an, wie absurd der Wunsch ist, gegenüber rund 3,2 Milliarden Internetnutzern weltweit stets das letzte Wort behalten zu wollen. Eine Sisyphos-Aufgabe.[187] Zielführender ist es meines Erachtens, seine Energie dafür einzusetzen, mit den eigenen Wortmeldungen ein sachliches Diskussionsklima herzustellen – eines, in dem andere Meinungen akzeptiert werden, wenn sie sachlich vorgebracht wurden. In einem solchen Internet würde es für Glaubenskrieger, Trolle und andere Rüpel viel schwieriger sein. Denn sie brauchen ja die Aggression, um von ihren fehlenden Argumenten abzulenken.

13. PLÄDOYER FÜR EIN INTERNET, IN DEM VERANTWORTUNG ÜBERNOMMEN WIRD

Der einzelne Nutzer kann viel gegen den Hass im Netz tun: Einerseits digitale Zivilcourage zeigen, indem er das Wort ergreift, und notfalls auch juristische Schritte setzen. Zum anderen kann man selbst darauf achten respektvoll zu bleiben – das ist oft gar nicht so leicht, denn Hass hat eine ansteckende Wirkung.

Als Bürger haben wir aber noch eine weitere bedeutende Aufgabe: Wir können Druck auf die Politik ausüben oder zumindest signalisieren, dass uns sprachliche Achtsamkeit auch in digitalen Zeiten ungeheuer wichtig ist. Wir können entscheiden, welchen Politikern und Politikerinnen wir unsere Likes, vor allem aber unsere Stimmen geben.

Drittens haben wir auch als Konsument die Macht, mit unseren Konsumentscheidungen und unseren Handlungen als Nutzer eines Produkts die dafür verantwortlichen Unternehmen zu beeinflussen. Ich empfehle, hetzerische Kommentare Facebook und Co. auch zu melden. Das funktioniert nicht immer, es gab auch schon krasse Fälle von Hassrede, die das soziale Netzwerk stehen ließ. Umso wichtiger ist es als Nutzer zu zeigen, dass es uns weiterhin nicht gleichgültig ist, auf welche Weise online über andere Menschen und Themen gesprochen wird. Es lohnt sich, solche Tabus anzusprechen und weiterhin zu verteidigen sowie Regelverstöße offenzulegen.

Ich bin sogar zuversichtlich, dass es hierfür ein größer werdendes gesellschaftliches Verständnis geben wird. In den vergangenen Jahren ist der Hass im Netz zunehmend zum Thema geworden. In einigen Redaktionen herrscht mittlerweile ein stärkeres Bewusstsein, dass es unserer Demokratie nicht guttun kann, wenn politische Debatten im Netz ständig von so viel Aggression geprägt werden und eine von ihrer Weltsicht sehr überzeugte Minderheit hier besonders laut auftritt und versucht, den Ton vorzugeben. Auch einzelne Politiker sprechen dies an, weil sie erkannt haben, dass der Hass im Internet nichts von seiner Destruktivität verliert. Im Gegenteil: Er zeigt dort umso öfter seine Fratze. Die Flüchtlingsdebatte spielt bei diesen Erkenntnissen leider eine wesentliche Rolle. An diesem Beispiel wurde auf drastische Weise klar, wie ernsthaft und komplex das Problem ist.

In den Eingangskapiteln habe ich erklärt, dass eine Kombination aus menschlichen und technischen Faktoren dazu führt, dass es online die Rüpel oft zu leicht haben, sehr viel Aufmerksamkeit zu bekommen. Eine Lösung dieses Problems sollte somit auch die Technik berücksichtigen, speziell die Techniker. Um diese soll es noch kurz in diesem anschließenden Kapitel gehen. Wollen wir entschlossener gegen die Hetze und Häme im Netz vorgehen, müssen Techniker ihre Verantwortung auch ernstnehmen. Denn die Programmierer und IT-Unternehmen sind diejenigen, die der Menschheit die digitalen Tools in die Hände geben. Sie formen und geben den Rahmen vor, wie wir online dann kommunizieren. Auch Techniker können den Umgangston im Netz verändern. Das amerikanische Jungunternehmen „Civil" ist ein gutes Beispiel hierfür. Ihre Software versucht, Menschen beim Verfassen von Onlinekommentaren daran zu erinnern, sachlich respektvoll zu diskutieren. Will man beispielsweise einen Kommentar unterhalb eines Artikels verfassen, tippt man den Text in die entsprechende Box ein. Dann muss der Nutzer aber noch drei andere Leserkommentare auf ihre Qualität und Freundlichkeit hin bewerten. Das geht ganz schnell per Klick. Im Anschluss bewertet er seinen eigenen Kommentar auf Inhalt und Tonalität – und kann diesen notfalls noch einmal umschreiben.[188] „Dieser Prozess lässt Menschen kurz innehalten und reflektieren. Indem sie andere Kommentare lesen und bewerten, erinnert dies diese daran, dass auch ihre Kommentare von anderen beurteilt werden", sagt Christa Mrgan, eine der Firmengründerinnen. Bereits der Name ihres Unternehmens soll signalisieren, worum es hier geht: „Civil" bedeutet zivilisiert/höflich/anständig. Die Bewertungen, die Nutzer bei ihren eigenen Kommentaren und den Kommentaren anderer abgeben, werden überdies genutzt, um per Algorithmus problematische Wortmeldungen zu erkennen – die Software hält ihre Veröffentlichung zurück, bis ein Mitglied der Zeitungsredaktion den jeweiligen Kommentar entweder freigibt oder ihn löscht. Dies soll Medien helfen, wenn sie zwar ein Leserforum bieten wollen, aber nicht genügend angestellte Moderatoren haben, um überall mitzulesen und jeden neuen Kommentar auf Beleidigungen hin zu überprüfen.

Was mir an dieser Software gefällt: Dieser Bewertungsvorgang führt Menschen vor Augen, dass ihre Worte wirken, von anderen gelesen werden und dementsprechend ein Gewicht haben. Hier wird ganz bewusst versucht, das Gefühl der Unsichtbarkeit im Netz zu bekämpfen. Online sehen Menschen ihr Gegenüber nicht, der Augenkontakt und unmittelbares non-verbales Feedback fehlen, und dies bewirkt unter Umständen Enthemmung und Aggression. Technik kann hier Teil der Lösung sein, meint

Christa Mrgan: „Verletzende Kommentare im Netz sind ein menschliches Problem – aber dieses beruht auf fehlenden sozialen Normen online. Im echten Leben gibt es viele soziale Strukturen, der Großteil ist unsichtbar und von uns verinnerlicht. Diese sozialen Strukturen halten uns davon ab, andere zu attackieren, zu schikanieren oder zu verschmähen. Wir müssen Wege finden, solche sozialen Strukturen online nachzuahmen, und Verantwortlichkeit für bösartiges Verhalten einführen." Ihre Software soll also jene Umgangsformen fördern, die uns offline ohnehin ganz normal erscheinen. Zwei Zeitungen im US-Staat Oregon probieren die Software in einem Pilotversuch bereits aus, moderieren Leserkommentare damit. „Diese sind noch immer voller Meinungen, Wut, Argumente. Aber jetzt attackieren Menschen Ideen anstatt einander", so Mrgan. „Civil" ist deswegen so interessant, weil dieses IT-Unternehmen auch eine gesellschaftliche Verantwortung wahrnimmt. Bei jeder Codezeile, die das Team verfasst, wird menschliches Verhalten berücksichtigt. Genau genommen versucht die Software sogar menschliches Verhalten zu beeinflussen, die Nutzer zu mehr Freundlichkeit zu animieren. Aber ist das rechtens? Darf uns ein Computerprogramm in Bahnen lenken?

Meine Antwort ist: Software lenkt uns schon längst in Bahnen, nur bisher wurde dabei nicht sonderlich Achtsamkeit darauf gelegt, ob diese Bahnen zu mehr Aggression führen. Vielleicht erinnern Sie sich an meine Kritik am typischen Aufbau von Diskussionsforen: Der neueste Kommentar ist in der Regel der oberste und somit am besten sichtbare. Diese chronologische Reihung motiviert jedoch Rüpel, besonders oft das Wort zu ergreifen und sich mit der ständigen Wiederholung Aufmerksamkeit zu verschaffen. Wer hundert Mal in einem Forum postet, ist hundert Mal ganz oben sichtbar. Wer hingegen nur einmal postet, scheint nur einmal prominent am Bildschirm auf. Lange wurde beim Entwickeln von Diskussions-Software nicht genügend Interesse darauf gelegt, ob die Benutzeroberfläche auch zu respektvollem Verhalten motiviert und ob es genügend Schutzmechanismen für Opfer gibt. Als zum Beispiel das soziale Netzwerk Ello (ein Facebook-Herausforderer) im Jahr 2014 die ersten Nutzer zu sich einlud, fehlten dort die Funktionen, verletzende Kommentare oder aggressive User zu melden. Das war ihnen offensichtlich nicht wichtig genug, um es bereits in der Frühphase zu inkludieren.[189] Dabei gab es 2014 bereits eine Debatte über den Hass und die Drohungen, die einige Feministinnen erlebten – zum Beispiel die Bloggerin Anita Sarkeesian, von der ich berichtete. Die Funktionen, die uns als Nutzer zur Verfügung gestellt werden, bestimmen wie wir diesen Dienst nutzen können. Die Architektur von Webseiten gibt uns die Räume vor, innerhalb derer wir uns mit anderen austauschen. Einfacher gesagt: Technik beeinflusst unser Leben – häufig auf subtile, aber wirkungsvolle Weise.

Ein simples Beispiel hierfür sind die sogenannten Facebook-„Reactions", jene Smileys, mit denen man auf die Beiträge anderer Nutzer seit Februar 2016 reagieren kann. Bis dahin gab es nur den Like-Knopf. Doch in vielen Fällen schien dieser unpassend oder unzureichend: Wer will schon auf „gefällt mir" klicken, wenn der Hund der besten Freundin gestorben ist? Nun können User auch signalisieren, dass sie eine Wortmeldung lustig, beeindruckend, traurig oder ärgerlich finden. Auf den ersten Blick mögen diese bunten Icons oberflächlich aussehen – Facebook hat aber verstanden: auch Technik kann zu einer differenzierteren Debatte beitragen.[190]

Dies ist längst nicht der einzige Bereich, bei dem das Unternehmen mehr tun könnte. Besonders der Facebook-Algorithmus ist von Bedeutung. Diese Software wählt für uns aus, welche Beträge wir eingeblendet bekommen. Ein cleveres Computerprogramm entscheidet also, welche Nachrichten jeden Tag eine Milliarde Mitglieder geliefert bekommen, welche Information diese Menschen sehen und welche nicht[191]. Kein Medium weltweit hatte je so viel Einfluss darauf, was Menschen von der Welt mitbekommen wie der Facebook-Algorithmus. Die wichtigsten Gatekeeper im Netz, die Informationen für uns sortieren und aussortieren, heißen nicht BBC, CNN, „Le Monde" oder „New York Times". Sie heißen Facebook und Google. Umso problematischer ist dann, wenn deren Techniker so tun, als hätten sie keinen Einfluss auf die Informationsselektion, die die von ihnen programmierte Software durchführt. Greg Marra, einer der Zuständigen für den Algorithmus bei Facebook, sagte einmal zur „New York Times": „Wir versuchen, uns dezidiert nicht als Redakteure zu sehen. Wir möchten keine redaktionellen Entscheidungen treffen, was im Feed von Ihnen erscheint. Sie haben dort Ihre Freunde hinzugefügt, sich mit Seiten verbunden, wo Sie ankoppeln wollen, Sie wissen selbst am besten Bescheid, welche Dinge Ihnen wichtig sind."[192] Der Informatiker behauptete also, nicht Facebook würde entscheiden, welche Neuigkeiten Menschen eingeblendet bekommen, sondern wir Nutzer würden diese Auswahl treffen.

Nur stimmt das eben nicht: Die Facebook-Entwickler treffen Entscheidungen für uns, sie legen die Kriterien fest, nach denen uns Beiträge eingeblendet oder ausgeblendet werden. Diese automatische Selektion, bei der uns ein Algorithmus Inhalte liefert, die uns wahrscheinlich interessieren, führt zur Sorge der „Filterblase" – jener Idee, dass wir zunehmend weniger von Andersdenkenden mitbekommen, weil die Software diese Information bereits ausgefiltert hat. Facebook könnte den Nutzern durchaus mehr Tools gegen die Filterblase in die Hand geben, ihnen mehr Mitsprache bei dem Filterungsprozess ermöglichen. Sowohl auf technischer, menschlicher als auch politischer Ebene wurden noch längst nicht alle möglichen Schritte gesetzt, um gegen eine Polarisierung der demokratischen Debatte und damit auch gegen den Hass im Internet vorzugehen.

Wir befinden uns gerade in einer entscheidenden Phase des Internets: Wir haben gelernt, wie umfassend und beeindruckend die Digitalisierung ist, können mittlerweile aber auch erkennen, dass nicht alle Bevölkerungsgruppen gleich stark davon profitieren und dieses mächtige Instrument teils sogar zum Fertigmachen von Menschen eingesetzt wird. Gerade wenn uns das Internet wichtig ist, sollten wir ernstnehmen, dass es zunehmende technische Schutzmechanismen und klare Mindeststandards im digitalen Austausch braucht. Ich vergleiche die jetzige Situation gerne mit der Frühzeit des Autos: Die allerersten Wägen hatten keinen Scheibenwischer, keine Gurte, keine Nebelscheinwerfer, von Airbags oder Technologie wie Antiblockiersystemen ganz zu schweigen. Je mehr Personen aber mit dem Auto fuhren, je schneller und kräftiger diese Autos wurden, desto mehr Technik zum Schutz der Insassen und aller anderer Menschen im Straßenverkehr brauchte es. Mit der Zeit kamen dann auch klarere

Gesetze und Umgangsformen für den Straßenverkehr hinzu. Genau so ist das mit dem Internet: Das Netz ist noch lange nicht fertig entwickelt, wir werden weiterhin daran herumschrauben, wir werden Sicherheitstools einbauen und die Frage aufwerfen, wie wir die Würde von Menschen im Netz stärker schützen können. Nicht nur weil dies der technische Fortschritt mit sich bringen wird, sondern weil es sich hier um unsere gesellschaftliche Verantwortung handelt.

ANMERKUNGEN

1   Brodnig, Ingrid: „Lügenpresse": Die FPÖ wirft den Medien
    Manipulation vor, online unter http://www.profil.at/oesterreich/
    luegenpresse-fpoe-medien-manipulation-5693766 (Stand: 3. März
    2016).

2   Politically Incorrect: Schweden – Europas
    Vergewaltigungsmetropole, online unter http://www.pi-news.
    net/2015/02/schweden-europas-vergewaltigungsmetropole/ (Stand:
    3. März 2016).

3   Nagel, Georg Immanuel: Der skandinavische Albtraum, online
    unter http://www.blauenarzisse.de/index.php/anstoss/item/5190-
    der-skandinavische-albtraum (Stand: 3. März 2016).

4   Dudenverlag: Aufklärung, die, online unter http://www.duden.de/
    rechtschreibung/Aufklaerung (Stand: 8. März 2016).

5   Suler, John: The Online Disinhibition Effect, online unter http://
    www-usr.rider.edu/~suler/psycyber/disinhibit.html (Stand:
    3. März 2016).

6   Ebd.

7   Brodnig, Ingrid: Die Täter hinter der Tastatur, in: Falter 45/12,
    7. November 2012, S. 18 f.

8   Lapidot-Lefler, Noam/Barak, Azy: Effects of anonymity, invisibility,
    and lack of eye-contact on toxic online disinhibition. In: Computers
    in Human Behavior, Ausgabe 28, Nummer 2, Elsevier, Amsterdam
    2012, S. 440.

9   Leick, Romain/Grolle, Johann: Dämonen und Engel, online unter
    http://www.spiegel.de/spiegel/print/d-81015460.html (Stand: 3. März
    2016).

10 Brodnig, Ingrid: „Online neigt man dazu, schriller zu werden, zu
    schreien", in: Falter 38/12, 19. September 2012, S. 24.

11 Del Vicario, Michela u.a.: The spreading of misinformation
    online, online unter http://www.pnas.org/content/113/3/554.
    abstract?sid=a821d77e-1e7b-4c64-832d-b01b0b13f143 (Stand: 3. März
    2016).

12 Ebda

13 Stöcker, Christian: Einfluss auf die Gesellschaft: Radikal dank
    Facebook, online unter http://www.spiegel.de/netzwelt/netzpolitik/

filterblase-radikalisierung-auf-facebook-a-1073450.html (Stand: 3.
März 2016).

14   Zollo, Fabiana u.a.: Emotional Dynamics in the Age of
Misinformation, online unter http://journals.plos.org/plosone/
article?id=10.1371/journal.pone.0138740 (Stand: 3. März).

15   Ebd.

16   Oe24.at: Hitlergruß bei Pegida-Demo, online unter http://www.
oe24.at/video/news/Hitlergruss-bei-Pegida-Demo/175316986
(Stand: 3. März 2016).

17   Christandl, Jürg (@JChristandl): Ist sicher kein Hitlergruß, Tweet
vom 2. Februar 2015, online unter https://twitter.com/JChristandl/
status/562313428082364417 (Stand: 3. März 2016).

18   Brodnig, Ingrid: Wirr ist das Volk, in profil 07/15, 9. Februar 2015. S.
33.

19   Cho, Daegon/Acquisti, Alessandro: The More Social Cues, The Less
Trolling? An Empirical Study of Online Commenting Behavior,
online unter http://www.econinfosec.org/archive/weis2013/papers/
ChoWEIS2013.pdf (Stand: 8. März 2016).

20   Facebook: Hilfebereich, online unter https://www.facebook.com/
help/327131014036297/ (Stand: 3. März 2016).

21   Strache, Heinz-Christian: Der Halbmond ist wunderschön.
Facebook-Eintrag vom 10. Februar 2016, online unter https://
www.facebook.com/HCStrache/photos/pb.74865038590.-
2207520000.1455319077./10153619731963591/?type=3&theater (Stand:
3. März 2016).

22   Wagenknecht, Sahra: Wer Demokratie will. Facebook-Eintrag
vom 15. Jänner 2016, online unter https://www.facebook.
com/sahra.wagenknecht/photos/pb.206307219386683.-
2207520000.1455319002./1228862630464465/?type=3&theater
(Stand: 3. März 2016).

23   Glaser, Peter: Der blaue Planet, in Süddeutsche Zeitung, 30. Jänner
2016, S. 13.

24   Fletcher, Richard/Damian, Radcliffe (Hrsg.): Reuters Institute
Digital News Report 2015 – Supplementary Report, online
unter http://reutersinstitute.politics.ox.ac.uk/sites/default/files/
Supplementary%20Digital%20News%20Report%202015.pdf (Stand:
8. März 2016).

25   Newman, Nic u.a.: Reuters Institute Digital Digital News Report 2015, online unter https://reutersinstitute.politics.ox.ac.uk/ sites/default/files/Reuters%20Institute%20Digital%20News%20 Report%202015_Full%20Report.pdf (Stand: 8. März 2016).

26   Tufekci, Zeynep: What Happens to #Ferguson Affects Ferguson: Net Neutrality, Algorithmic Filtering and Ferguson, online unter https:// medium.com/message/ferguson-is-also-a-net-neutrality-issue-6d2f3db51eb0#.tsj9w8y8z (Stand: 8. März 2016).

27   TED: Beware online „filter bubbles", online unter https://www. youtube.com/watch?v=B8ofWFx525s (Stand: 3. März 2016).

28   Bakshy, Eytan: Exposure to ideologically diverse news and opinion on Facebook, online unter http://science.sciencemag.org/ content/348/6239/1130 (Stand: 3. März 2016).

29   Sandvig, Christian: The Facebook „It's Not Our Fault" Study, online unter http://socialmediacollective.org/2015/05/07/the-facebook-its-not-our-fault-study/ (Stand: 3. März 2016).

30   Brodnig, Ingrid: Diese Studie gefällt sich selbst, in: profil 21/15, 18. Mai 2015. S. 26.

31   Sunstein, Cass: Echo Chambers. Bush v. Gore Impeachment and Beyond. Princeton University Press, Princeton 2001. S. 2.

32   N.N.: An Hero, online unter http://knowyourmeme.com/memes/ an-hero (Stand: 3. März 2016).

33   Schwartz, Mattathias: The Trolls Among Us, online unter: http:// www.nytimes.com/2008/08/03/magazine/03trolls-t.html (Stand: 3. März 2016).

34   Chen, Adrian: Unmasking Reddit's Violentacrez, The Biggest Troll on the Web, online unter http://gawker.com/5950981/unmasking-reddits-violentacrez-the- biggest-troll-on-the-web (Stand: 3. März 2016).

35   Donath, Judith S.: Identity and Deception in the Virtual Community, online unter http://smg.media.mit.edu/people/Judith/ Identity/IdentityDeception.html (Stand: 8. März 2016).

36   N.N.: Einer Katze angst machen, Forumseintrag vom 15. März 2013, online unter http://www.katzen-forum.net/verhalten-und-erziehung/149115-einer-katze-angst-machen.html (Stand: 3. März 2016).

37   Hardaker, Claire: „Uh.... not to be nitpicky,,,,but...the past tense of drag is dragged, not drug." An overview of trolling strategies.

Online unter: https://www.academia.edu/3061027/_Uh....not_to_
be_nitpicky_but...the_past_tense_of_drag_is_dragged_not_drug._
An_overview_of_trolling_strategies (Stand: 3. März 2016).

38   Glück, Alexander: Handbuch für den Forentroll. Röhrig
Universitätsverlag, 2013, S. 37 f.

39   Bowcott, Owen: Facebook troll jailed for threatening to kill 200
UK schoolchildren, online unter http://www.theguardian.com/
uk-news/2013/jul/09/facebook-troll-jail-200-us-schoolchildren
(Stand: 3. März 2016).

40   BBC: US Facebook death threats troll: Reece Elliott jailed, online
unter http://www.bbc.com/news/uk-england-tyne-22839359 (Stand:
3. März 2016).

41   Brodnig: Die Täter hinter der Tastatur, a.a.O.

42   The Alex Jones Channel: Trump: The Globalist Killing Kraken,
online unter https://www.youtube.com/watch?v=dQ8FkLhK1gQ
(Stand: 8. März 2016).

43   N.N.: Ja, wir sind in einem Krieg. Blog-Eintrag vom 25. Juli 2010,
online unter http://alles-schallundrauch.blogspot.co.at/2010/07/
zehnpunkteplan-fur-den-infokrieger.html (Stand: 3. März 2016)

44   N.N.: Steckt Massensterilisierung hinter dem Impfprogramm?
Forumseintrag vom 12. November 2014, online unter http://alles-
schallundrauch.blogspot.co.at/2014/11/steckt-massensterilisierung-
hinter-dem.html (Stand: 3. März 2016).

45   Politically Incorrect: Leitlinien, online unter http://www.pi-news.
net/leitlinien/ (Stand: 3. März 2016).

46   Luka, Rainer: Wieviel „Gleichberechtigung" verträgt das Land,
online unter http://www.wgvdl.com/ (Stand: 3. März 2016).

47   Zeit Online: Kleinkind in Berlin an Masern gestorben, online unter
http://www.zeit.de/wissen/gesundheit/2015-02/masern-ausbruch-
berlin-kleinkind-gestorben (Stand: 12. März 2016).

48   Reitemeyer, Frank: Jede Impfung ist eine schwere
Menschenrechtsverletzung, online unter http://www.impfen-
nein-danke.de/wussten-sie-das/jede-impfung-ist-eine-schwere-
menschenrechtsverletzung/ (Stand: 3. März 2016).

49   Russell, Christine: Louis Pasteur and Questions of Fraud,
online unter https://www.washingtonpost.com/archive/
lifestyle/wellness/1993/02/23/louis-pasteur-and-questions-of-
fraud/196b2287-f63f-4bac-874e-c33b122d6f61/ (Stand: 3. März).

50   Nyhan, Brendan/Reifler, Jason: Misinformation and Fact-checking: Research Findings von Social Science. New America Foundation, Washington 2012, S. 9f.

51   Pew Research Center: Religion, Politics and the President. Growing Number of Americans Say Obama is a Muslim. Online unter http://www.people-press.org/files/legacy-pdf/645.pdf (3. März 2016).

52   Nyhan/Reifler, a.a.O., S. 8

53   Kahan, Dan M.: Climate-Science Communication and the Measurement Problem, online unter http://papers.ssrn.com/sol3/papers.cfm?abstract_id=2459057 (Stand: 3. März).

54   Scheufele, Dietram A. u.a.: Democracy Based on Difference: Examining the Links Between Structural Heterogeneity, Heterogeneity of Discussion Networks, and Democratic Citizenship, in: Journal of Communication, Ausgabe 56, Nummer 4, 2006, S. 22f.

55   Köhne, Josef: Strom abgestellt: 76-Jähriger stirbt bei dem Versuch, mit altem Ofen zu heizen, online unter http://www.nw.de/lokal/kreis_hoexter/brakel/brakel/20704275_Drama-mit-toedlichem-Ausgang.html (Stand: 12. März 2016).

56   Wahrheiten jenseits der Massenmedien: Schaut alle her. Facebook-Eintrag vom 13. Februar 2016, online unter https://www.facebook.com/wahrheiten.massenmedien/posts/1714951038720983 (Stand: 3. März 2016).

57   Scheufele, Dietram A.: Science communication as political communication, in: PNAS, Ausgabe 11, Supplement 4, 2014. S. 7.

58   Rosenbrock, Hinrich: Die antifeministische Männerrechtsbewegung. Denkweisen, Netzwerke und Online-Mobilisierung, online unter https://www.boell.de/de/content/die-antifeministische-maennerrechtsbewegung (Stand: 8. März 2016).

59   CDU: Die CDU gratuliert Reiner Haseloff ganz herzlich. Facebook-Eintrag vom 19. Februar 2016, online unter https://www.facebook.com/CDU/photos/a.438118535414.236714.78502295414/10153469184735415/ (Stand: 3. März 2016).

60   Anderson, Ashley A. et al.: The „Nasty Effect": Online Incivility and Risk Perceptions of Emerging Technologies, online unter http://onlinelibrary.wiley.com/doi/10.1111/jcc4.12009/full S. 378

61   Brossard, Dominique/Scheufele, Dietram A.: This Story Stinks, online unter http://www.nytimes.com/2013/03/03/opinion/sunday/this-story-stinks. html (Stand: 8. März 2016).

62   Johnson, Mark: Online comments hurt science understanding, study finds. Milwaukee Wisconsin Journal Sentinel, online unter: http://www.jsonline.com/news/health/online-comments-hurt-science-understanding-study-finds-ib88cor-185610641.html?page=1 (Stand: 3. März 2016).

63   A.V. Club Milwaukee (@AVClubMKE): Awful online comments hurt understanding of news. Tweet vom 4. Januar 2013, online unter https://twitter.com/avclubmke/status/287235710866583552 (Stand: 3. März 2016).

64   Facebook: Gemeinschaftsstandards, online unter https://www.facebook.com/communitystandards (Stand: 3. März 2016).

65   Brodnig, Ingrid: Ein Dislike für Hass, in: profil: 39/15, 21. September 2015, S. 67.

66   Jun, Chan-jo: FAQ zur Anzeige gegen Facebook-Manager, online unter https://www.junit.de/aktuelle-publikumsfaelle/facebook-recht/610-faq-zu-hass-kommentaren (Stand: 3. März 2016).

67   profil: Hasspostings: Anzeige gegen Facebook wegen „Beitragstäterschaft", online unter http://www.profil.at/oesterreich/hasspostings-anzeige-facebook-beitragstaeterschaft-5853915 (Stand: 3. März 2016).

68   Colarusso, Dan: Editor's note: Reader comments in the age of social media, online unter http://blogs.reuters.com/great-debate/2014/11/07/editors-note-reader-comments-in-the-age-of-social-media/ (Stand: 3. März 2016).

69   Zeit Online: Netiquette, Seite 2, online unter http://www.zeit.de/administratives/2010-03/netiquette/seite-2 (Stand: 3. März 2016).

70   Neugebauer, Cimaron/Lockhart, Ben: Feminist cancels speech at USU after terror threat, online unter http://www.standard.net/Police/2014/10/14/Feminist-speaker-cancels-appearance-at-USU-after-terror-threat.html (Stand: 8. März 2016).

71   Sarkeesian, Anita: One Week of Harassment on Twitter, online unter http://femfreq.tumblr.com/post/109319269825/one-week-of-harassment-on-twitter (Stand: 8. März 2016).

72   Tiku, Nitasha/Newton, Casey: Twitter CEO: 'We suck at dealing with abuse', online unter http://www.theverge.com/2015/2/4/7982099/twitter-ceo-sent-memo-taking-personal-responsibility-for-the (Stand: 3. März 2016).

73   ARD Washington (@ARD Washington): Twitter will zukünftig gegen Beleidigungen u Drohungen vorgehen. Tweet vom 6.

Februar 2015, online unter https://twitter.com/ARDWashington/
status/563744645780627458 (Stand: 3. März 2016).

74 N.N. (@gingerrx34): wer braucht denn schon. Tweet am 6.
Februar 2015, online unter https://twitter.com/gingerrx34/
status/563758158745989120 (Stand: 12. März 2016).

75 N.N. (@gingerrx34): 2) eine dickere Haut zulegen. Tweet am
6. Februar 2015, online unter https://twitter.com/gingerrx34/
status/563767415092555776 (Stand: 3. März 2016).

76 Focus Online: Maas: „Schweigende Mehrheit" muss sich zu Wort
melden. Facebook-Eintrag vom 23. Februar 2016, online unter
https://www.facebook.com/focus.de/posts/10153961926774410
(Stand: 3. März 2016).

77 Gaugele, Jochen: „Nicht warten, bis es den ersten Toten gibt", online
unter http://www.abendblatt.de/politik/article207076611/Nicht-
warten-bis-es-den-ersten-Toten-gibt.html (Stand: 3. März 2016).

78 Bundeskanzleramt – Rechtsinformationssystem: Artikel 10 –
Freiheit der Meinungsäußerung, online unter https://www.ris.bka.
gv.at/Dokument.wxe?Abfrage=Bundesnormen&Dokumentnummer
=NOR12016941 (Stand: 4. März 2016).

79 Spiegel Online: Bei uns ist kein Platz für euren Hass. Facebook-
Eintrag vom 26. Februar 2016, online unter https://www.facebook.
com/spiegelonline/videos/10153964642774869/ (Stand: 4. März
2016).

80 Stone, Allucquère Rosanne: Will the Real Body Please Stand Up?,
online unter http://sodacity.net/system/files/Sandy_Stone_Will_
the_Real_Body_Please_Stand_Up.pdf (Stand: 9. September 2013).

81 Rheingold, Howard: A Slice of my Virtual Community. In: Harasim,
Linda M. (Hrsg.): Global Networks. Computers and International
Communication. MIT Press, Cambridge, 1993. S. 66.

82 Bartlett, Jamie u.a.: Misogyny on Twitter, online unter http://
www.demos.co.uk/files/MISOGYNY_ON_TWITTER.pdf (Stand:
4. März 2016).

83 Goldene Kamera: Dunja Hayalis Dankesrede. Facebook-Eintrag
vom 6. Feburar 2016, online unter https://www.facebook.com/
GoldeneKamera/videos/10153375629807596/ (Stand: 4. März 2016).

84 Hoidn-Borchers, Andreas/Wolf-Doettinchem, Lorenz: „Ich war
wund und angreifbar. Ich habe nicht mehr souverän auf den Hass
reagiert". Stern 8/16, 18. Februar 2016, S. 50.

85   Pierson, Emma: Outnumbered But Well-Spoken: Female Commenters in the New York Times, online unter https://dl.acm.org/citation.cfm?doid=2675133.2675134 (Stand: 8. März 2016).

86   Pierson, Emma: How men dominate online commenting, online unter http://qz.com/259149/how-men-dominate-online-commenting/ (Stand: 4. März 2016).

87   Wikimedia Foundation: Wikipedia Editors Study, online unter https://upload.wikimedia.org/wikipedia/commons/7/76/Editor_Survey_Report_-_April_2011.pdf (4. März 2016).

88   Gardner, Sue: Nine Reasons Woman Don't Edit Wikipedia (in their own words), Blogeintrag vom 19. Feburar 2011, online unter http://suegardner.org/2011/02/19/nine-reasons-why-women-dont-edit-wikipedia-in-their-own-words/ (Stand: 4. März 2016).

89   Paling, Emma: Wikipedia's Hostility to Woman, online unter http://www.theatlantic.com/technology/archive/2015/10/how-wikipedia-is-hostile-to-women/411619/ (Stand: 4. März 2016).

90   Filipacchi, Amanda: Wikipedia's Sexism Toward Female Novelists, online unter http://www.nytimes.com/2013/04/28/opinion/sunday/wikipedias-sexism-toward-female-novelists.html?_r=0 (Stand: 4. März 2016).

91   Mädchenblog: Troll the pain away – hatr.org geht online! Blogeintrag vom 4. April 2011, online unter http://maedchenblog.blogsport.de/2011/04/04/troll-the-pain-away-hatr-org-geht-online/ (Stand: 4. März 2016).

92   Perlen aus Freital: Schön auf's Maul gehauen. Blogeintrag vom 25. Februar 2016, online unter https://perlen-aus-freital.tumblr.com/post/139966237815/sch%C3%B6n-auf-s-maul-gehauen-diese-schei%C3%9F-eselficker?is_related_post=1 (Stand: 4. März 2016).

93   Perlen aus Freital: Liebe Flüchtlinge. Blogeintrag vom 26. Februar 2016, online unter https://perlen-aus-freital.tumblr.com/post/140040201915/liebe-fl%C3%BCchtlinge-an-diesen-m%C3%BCtzen-erkennen-sie (Stand: 4. März 2016).

94   N.N.: Das hirn sollns denen asylantenpack einhaun, Blogeintrag online unter https://www.eaudestrache.at/ (Stand: 4. März 2016).

95   Wienerin: (Video): Journalistinnen lessen Hasskommentare, online unter http://wienerin.at/home/jetzt/4926887/Gewalt-gegen-Frauen-im-Internet_Video_Journalistinnen-lesen (Stand: 4. März 2016).

96   Der Standard: Facebook: Beleidigungen in Ordnung, Screenshots davon nicht, online unter http://derstandard.at/2000025267191/

Facebook-Beleidigungen-in-Ordnung-Screenshots-davon-nicht
(Stand: 4. März 2016).

97 Meisner, Matthias: „Perlen aus Freitag". Facebook nimmt Sperre
von Hass-Doku zurück, online unter http://www.tagesspiegel.de/
medien/perlen-aus-freital-facebook-nimmt-sperre-von-hass-doku-
zurueck/13009176.html (Stand: 4. März 2016).

98 Kremp, Matthias: Witz über iOS 7: iPhone-Nutzer glauben an das
Wasserfest-Update, online untern http://www.spiegel.de/netzwelt/
gadgets/gefaelschte-apple-anzeige-wirbt-fuer-wasserdichtigkeit-
durch-ios-7-a-924267.html (Stand: 4. März 2016).

99 Barrett, Brian: Don't set your iPhone back to 1970, no matter what.
Online unter http://www.wired.com/2016/02/dont-set-your-iphone-
back-to-1970-no-matter-what/ (Stand: 4. März 2016).

100 Stuart, Keith: Xbox One: backwards compatibility prank
breaks consoles, online unter http://www.theguardian.com/
technology/2013/dec/09/xbox-one-backwards-compatibility-prank-
breaks-consoles-hack (Stand: 3. März).

101 N.N.: Delete System32, online unter http://knowyourmeme.com/
memes/delete-system32 (Stand: 3. März 2016).

102 Mimikama: Wurden junge deutsche Frauen Opfer von
moslemischen Invasoren? Online unter http://www.mimikama.
at/allgemein/wurde-eine-junge-deutsche-frau-ein-opfer-von-
moslemischen-invasoren/ (Stand: 4. März 2016).

103 Angele Michael: Der Feindlauert überall, online unter http://
www.faz.net/aktuell/feuilleton/buecher/rezension-sachbuch-der-
feind-ist-maskiert-und-lauert-ueberall-11314097-p4.html (Stand:
4. März 2016).

104 Benz, Wolfgang: Die Protokolle der Weisen von Zion: die Legende von
der jüdischen Weltverschwörung, C.H. Beck, München, 2007. S. 76.

105 Zit. nach: Benz, Wolfgang: Die Protokolle der Weisen von Zion:
die Legende von der jüdischen Weltverschwörung, C.H. Beck,
München, 2007. S. 76.

106 Trittmaack, Gero: Prostituierte im Flüchtingsheim? Bürgermeister
in Kropp kämpft gegen Gerüchte, online unter http://www.shz.de/
lokales/schleswiger-nachrichten/prostituierte-im-fluechtlingsheim-
buergermeister-in-kropp-kaempft-gegen-geruechte-id12589506.
html (Stand: 4. März 2016).

107 Matzenberger, Michael: Polizei dementiert Facebook-Gerüchte
über Vergewaltigungen durch Flüchtlinge, online unter http://

derstandard.at/2000024657336/Polizei-dementiert-Facebook-Geruechte-ueber-Vergewaltigungen (Stand: 3. März 2016).

108 Wolf, Andre: Politisch motivierte Diffamierung: Malaria und Hepatitis E durch Asylanten eingeschleppt, online unter http://www.mimikama.at/allgemein/politisch-motivierte-diffamierung-malaria-und-hepatitis-e-durch-asylanten-eingeschleppt/ (Stand: 4. März 2016).

109 Netzplanet: Leserkommentar: Fragen einer Mutter an ihre Gutmenschen-Tochter, online unter https://www.netzplanet.net/leserkommentar-fragen-einer-mutter-an-ihre-gutmenschen-tochter/ (Stand: 4. März 2016).

110 Netzplanet: Leserkommentar aus Schweden: Nicht mehr lange, dann wird im ganzen Land die Hölle losbrechen, online unter https://www.netzplanet.net/leserkommentar-aus-schweden-nicht-mehr-lange-dann-wird-im-ganzen-land-die-hoelle-losbrechen/ (Stand: 4. März 2016).

111 Netzplanet: Schweden: 75-Jährige Frau vergewaltigt und misshandelt, online unter https://www.netzplanet.net/schweden-75-jaehrige-frau-vergewaltigt-und-misshandelt/ (Stand: 4. März 2016).

112 Ebd.

113 Niggemeier, Stefan: Aber alle haben es sich doch vorstellen können! Online uner http://uebermedien.de/1379/aber-alle-haben-es-sich-doch-vorstellen-koennen/ (Stand: 4. März 2016).

114 Ebda

115 Dittrich, Miro: „Nein zum Heim" – Seiten in Sachsen und die Rolle der NPD, online unter http://www.netz-gegen-nazis.de/artikel/%E2%80%9Enein-zum-heim%E2%80%9C-seiten-sachsen-und-die-rolle-der-npd-10608 (Stand: 4. März 2016).

116 Brodnig, Ingrid: Neonazis online und offline: „Die Übergriffe nehmen zu", online unter http://www.profil.at/oesterreich/neonazis-internet-uebergriffe-5848073 (Stand: 4. März 2016).

117 Wolf, Andre: War es denn nicht schlimm genug? Online unter http://www.mimikama.at/allgemein/war-es-denn-nicht-schlimm-genug-klnhamburg-stuttgart/ (Stand: 4. März 2016).

118 N.N.: Schweden: Offener Bürgerkrieg wegen der Flut von islamischen Migranten, online unter http://asylterror.com/2015/11/23/schweden-offener-buergerkrieg-wegen-der-flut-von-islamischen-migranten/ (Stand: 4. März 2016).

119 N.N.: Schweden: Offener Bürgerkrieg wegen der Flut von islamischen Migranten, online unter http://brd-schwindel.org/ schweden-offener-buergerkrieg-wegen-der-flut-von-islamischen-migranten/ (Stand: 4. März 2016).

120 Schweizmagazin: Schweden: Brandanschläge gegen islamische Asylzentren, online unter http://www.schweizmagazin.ch/ nachrichten/ausland/25051-Schweden-Brandanschlge-gegen-islamische-Asylzentren.html (Stand: 4. März 2016).

121 N.N.: Irate Swedes revolt, burning nine Muslim refugee centers to the ground, online unter http://powderedwigsociety.com/swedes-torch-9-muslim-refugee-centers/ (Stand: 4. März 2016).

122 N.N.: A CIVIL WAR ERUPTS: Irate and fed up Swedes are now setting muslim ‚refugee' centers on fire, online unter http://www. jewsnews.co.il/2015/10/30/a-civil-war-erupts-irate-and-fed-up-swedes-are-now-setting-muslim-refugee-centers-on-fire/ (Stand: 4. März 2016).

123 RT: String of suspected arsons in Sweden: Two planned refugee shelters set ablaze, online unter https://www.rt.com/news/319610-sweden-refugee-shelters-arson/ (Stand: 4. März 2016).

124 Ahlander, Johan/Goarant, Violette: After escaping war, asylum seekers in Sweden now face arson attacks, online unter http:// www.reuters.com/article/us-europe-migrants-sweden-idUSKCN0SR1BA20151102 (Stand: 4. März 2016).

125 Ebd.

126 N.N.: Schweden: Offener Bürgerkrieg wegen der Flut von islamischen Migranten, Leserkommentar online unter http:// asylterror.com/2015/11/23/schweden-offener-buergerkrieg-wegen-der-flut-von-islamischen-migranten/#comment-157 (Stand: 4. März 2016).

127 Zollo, Fabiana u.a.: Debunking in a World of Tribes, online unter http://arxiv.org/abs/1510.04267 S. 3 (Stand: 4. März 2016).

128 Nyhan, Brendan u.a.: Effective Messages in Vaccine Promotion: A Randomized Trial. In: Pediatrics Volume 133, Number 4, 2014. S. 838 f.

129 Nyhan, Brendan: Vaccine Opponents Can Be Immune to Education, online unter http://www.nytimes.com/2014/05/09/upshot/ vaccine-opponents-can-be-immune-to-education.html (Stand: 4. März 2016).

130 Nyhan/Reifler, Jason: Misinformation and Fact-Checking: Research Findings from Social Science. Media Policy Initiative Research Paper. New America Foundation. Washington 2012, S. 12 f.

131 Ebd., S. 18.

132 N.N. (@gustavofring_X): Lieber Bahnhofsklatscher. Tweet vom 17. Februar 2016, online unter https://twitter.com/gustavofring_X/status/699897653132447744 (Stand: 8. März 2016).

133 N.N.: Danke an alle Bahnhofsklatscher. Leserkommentar vom 14. November 2015, online unter http://www.focus.de/politik/ausland/danke-an-alle-bahnhofsklatscher-schuesse-explosionen-massaker-kommentar_id_7047106.html (Stand: 8. März 2016).

134 Wehling, Elisabeth: Politisches Framing. Wie eine Nation sich ihr Denken einredet – und daraus Politik macht. Halem Verlag, Köln 2016. S. 24.

135 Ebd., S. 28.

136 Ebd., S. 46.

137 Ebd., S. 59.

138 Ebd., S. 60.

139 Campbell, Colin: TRUMP: I was joking when I said the Chinese ,created' the concept of climate change, online unter http://www.businessinsider.de/donald-trump-china-created-climate-change-2016-1 (Stand: 8. März 2016).

140 Wehling, S. 55.

141 Ebd. S. 170 f.

142 dejure.org: Strafgesetzbuch, § 130 Volksverhetzung, online unter https://dejure.org/gesetze/StGB/130.html. (Stand: 8. März 2016).

143 Bundeskanzleramt – Rechtsinformationssystem: Gesamte Rechtsvorschrift für Strafgesetzbuch, online unter https://www.ris.bka.gv.at/GeltendeFassung.wxe?Abfrage=Bundesnormen&Gesetzesnummer=10002296 (Stand: 8. März 2016).

144 Bild: Chef von Bautzner Sicherheitsfirma: Strafbefehl gegen Facebook-Hetzer, online unter http://www.bild.de/regional/dresden/bautzen/strafbefhel-gegen-bautzner-sicherheitschef-wegen-volksverhetzung-44656038.bild.html (Stand: 8. März 2016).

145 Poushter, Jacob: 40 % of Millennials OK with limiting speech offensive to minorities, online unter: http://www.pewresearch.org/fact-tank/2015/11/20/40-of-millennials-ok-with-limiting-speech-offensive-to-minorities/ (Stand: 8. März 2016).

146 Todd, Amanda: My story: Struggling, bullying, suicide, self harm, online unter https://www.youtube.com/watch?v=vOHXGNx-E7E (Stand: 8. März 2016).

147 Marotte, Bertrand: Accused in Amanda Todd case may serve sentence in Netherlands if found guilty, online unter http://www.theglobeandmail.com/news/national/accused-in-amanda-todd-case-may-serve-sentence-in-netherlands-if-found-guilty/article28101673/ (Stand: 8. März 2016).

148 Kleine Zeitung: Internet trieb Joel in den Tod, online unter http://www.kleinezeitung.at/s/lebensart/multimedia/4225153/CyberMobbing_Internet-trieb-Joel-in-den-Tod (Stand: 8. März 2016).

149 Mühr, Petra: Facebook hat Joël in den Tod getrieben. Michaela Horn berichtet über das Schicksal, online unter http://www.woman.at/a/facebook-jo-l-tod-michaela-horn-schicksal-275392 (Stand: 8. März 2016).

150 Roither, Eva: „Ohne Abschied", online unter http://oe1.orf.at/programm/384555 (Stand: 13. März 2016).

151 Brodnig, Ingrid: betreff: „dein mord", in: profil: 19/15, 4. Mai 2015, S. 26.

152 Bundeskanzleramt – Rechtsinformationssystem: a.a.O.

153 Brodnig, Ingrid: „Die Suchmaschine wird entwertet", in: Falter 21/14, 21. Mai 2014, S. 25.

154 Bundeskanzleramt – Rechtsinformationssystem: a.a.O.

155 BGH, Urteil vom 5. März 1963 Fernsehansagerin, NJW 1963, S. 902.

156 Brodnig, Ingrid: „Zweifelsfrei als Satire erkennbar", in: profil 03/16, 18. Jänner 2016. S. 34.

157 OLG Graz, Beschluss vom 22. Februar 2016, 5 R 14/16t (Graz).

158 Mimikama: Merkel: „Attentate als Teil unseres Lebens akzeptieren" – Zitat- und Bildfälschung, online unter: http://www.mimikama.at/allgemein/merkel-attentate-als-teil-unseres-lebens-akzeptieren-zitat-und-bildflschung/ (Stand: 8. März 2016).

159 Mimikama: Schau genau! Eine Meldung von Claudia Roth (Bündnis90/Grüne) sorgt für Aufsehen, online unter: http://www.mimikama.at/allgemein/schau-genau-eine-meldung-von-claudia-roth-bndnis90grne-sorgt-fr-aufsehen/ (Stand: 8. März 2016).

160 Zit. n. Conard, Mark T.: God, Suicide, and the Meaning of Life in the Films of Woody Allen. In: Conard, Mark T./Skoble, Aeon J.

(Hrsg.): Woody Allen and Philosophy: You Mean My Whole Fallacy
is Wrong?, Open Court, Chicago 2004, S. 7.

161 Lötzsch, Gesine: Als Haushaltspolitikerin stelle ich fest. Facebook-
Eintrag vom 10. Februar 2016, online unter https://www.facebook.
com/gesine.loetzsch/posts/10153559436749983 (Stand: 8. März 2016).

162 Ebda.

163 Tele 5: Da entpuppt sich das Team, Facebook-Eintrag vom
19. Februar 2016 online unter https://www.facebook.com/tele5.de/
photos/a.196330610416955.48969.107540765962607/98443124827355
0/ (Stand: 8. März 2016).

164 Morreall, John: Comic Relief. A Comprehensive Philosophy of
Humor. Wiley, 2009, Chichester. S. 66.

165 Ebd., S. 83.

166 Ebd., S. 84.

167 Welt: Einige seiner Ideen sollten Europa beunruhigen. Facebook-
Eintrag vom 4. März 2016, online unter https://www.facebook.com/
welt/posts/10154044025508115 (Stand: 8. März 2016).

168 Perlen aus Freital: Liebe Flüchtlinge, a.a.O.

169 Die Tagespresse: „Gebe immer 100%": Blutspender tragisch
verstorben, online unter http://dietagespresse.com/gebe-immer-
100-blutspender-tragisch-verstorben/ (Stand: 8. März 2016).

170 Die Tagespresse: „Müssen Sachsen unterstützen": Strache
schickt Hilfspaket mit Molotow-Cocktails, online unter http://
dietagespresse.com/muessen-sachsen-unterstuetzen-strache-
schickt-hilfspaket-mit-molotow-cocktails/ (Stand: 8. März 2016).

171 Morreall, S. 126.

172 N.N.: 100 Flüchtlinge, online unter: http://www.rassistischewitze.
com/100-fluechtlinge/ (Stand: 8. März 2016).

173 Ebd. S. 127.

174 Rowling, J.K. (@jk_rowling): .@JMcGilchrist93 Book burnings!,
Tweet vom 10. Mai 2015, online unter https://twitter.com/jk_
rowling/status/597340180928954368 (Stand: 3. März 2016).

175 Freud, Sigmund: Der Humor (1927), in: Kleine Schriften I,
Kapitel 29, online unter http://gutenberg.spiegel.de/buch/kleine-
schriften-i-7123/29 (Stand: 8. März 2016).

176 N.N. (@lewisscoot): @MitchellShell @JamesBlunt looks like my left testicle. Tweet vom 30. April 2014, online unter https://twitter.com/lewisscoot/status/461626584408289281 (Stand: 3. März 2016).

177 Blunt, James (@JamesBlunt): Then you need to see a doctor. Tweet vom 30. April 2014, online unter https://twitter.com/JamesBlunt/status/461640897030275073 (Stand: 3. März 2016).

178 N.N. (@lewisscoot): @MitchellShell @JamesBlunt he's now my favourite celebrity. Tweet vom 30. April 2014, online unter https://twitter.com/lewisscoot/status/461643746028036097 (Stand: 3. März 2016).

179 N.N. (@lewisscoot): @MitchellShell @JamesBlunt he has made. Tweet vom 30. April 2014, online unter https://twitter.com/lewisscoot/status/461643980590288896 (Stand: 3. März 2016).

180 Suler, a.a.O.

181 Goldene Kamera, a.a.O.

182 Asch, Solomon E.: Opinions and Social Pressure. In: Scientific American, Ausgabe 193, Nummer 5, 1955, S. 35

183 Ronson, Jon: How One Stupid Tweet Blew Up Justine Sacco's Life, online unter How One Stupid Tweet Blew Up Justine Sacco's Life (Stand: 8. März 2016).

184 Pfeffer, Jürgen et al: Understanding online firestorms: Negative word-of-mouth dynamics in social media networks. In: Journal of Marketing Communications, Ausgabe 20, Nummer 1–2, 2014. S. 123.

185 Amadeu-Antonio Stiftung: Viraler Hass. Rechtsextreme Kommunikationsstrategien im Web 2.0. Online unter https://www.amadeu-antonio-stiftung.de/w/files/pdfs/viraler-hass.pdf (Stand: 6. März 2015).

186 xkcd: Duty Calls, online unter http://xkcd.com/386/ (Stand: 7. März 2016).

187 Der Standard: 4,2 Milliarden Menschen weltweit ohne Internet, online unter http://derstandard.at/2000029034304/4-2-Milliarden-Menschen-weltweit-ohne-Internet (Stand: 8. März 2016).

188 Civil: Publisher Documentation – Peer Reviews, online unter https://civil.gitbooks.io/publisher-docs/content/peer_reviews.html (Stand: 8. März 2016).

189 Dewey, Caitlin: The big problem with ‚Facebook-killer' Ello: It's hopelessly, irredeemably naive, online unter https://www.washingtonpost.com/news/the-intersect/wp/2014/09/29/

the-big-problem-with-facebook-killer-ello-its-hopelessly-irredeemably-naive/ (Stand: 8. März 2016).

190   Krug, Sammi: Reactions Now Available Globally, online unter https://newsroom.fb.com/news/2016/02/reactions-now-available-globally/ (Stand: 13. März 2016).

191   Facebook: Company Info, online unter https://newsroom.fb.com/company-info/ (Stand: 8. März 2016).

192   Somaiya, Ravi: How Facebook Is Changing the Way Its Users Consume Journalism, online unter http://www.nytimes.com/2014/10/27/business/media/how-facebook-is-changing-the-way-its-users-consume-journalism.html (Stand: 8. März 2016).

GLOSSAR

4Chan.org: Eine der dunkelsten Seiten im Web. Hier posten Nutzer beispielsweise Bilder, auf denen Frauen herabgewürdigt werden, oder tauschen harte Schimpfworte und rassistische Fotos aus. Besonders im Unterforum namens /b/ geht es rau zu (es heißt so, weil die Seiten auf 4-Chan alphabetisch gereiht werden). Auf /b/ versammeln sich auch Trolle, um gemeinsam Attacken auf ihre Opfer zu starten und sich über weniger abgebrühte Nutzer lustig zu machen (→ LULZ).

Algorithmus: Ein Algorithmus ist eine Handlungsanleitung zum Erreichen eines Ziels. Jedes Kochrezept ist zum Beispiel ein Algorithmus. Gesellschaftlich besonders interessant sind Algorithmen, die die Grundlage von Software darstellen. Algorithmen entscheiden beispielsweise, welche Informationen uns die Google-Suche einblendet oder welche Beiträge Facebook anzeigt. Dies führt aber zur Sorge, dass vom Nutzer unbemerkt sein Blick auf die Welt zu sehr eingeschränkt wird (→ Filterblase).

Alternative Medien: So werden Medien genannt, die eine Gegenöffentlichkeit zum etablierten Journalismus herstellen wollen. Im Netz ist eine rechte alternative Medienszene entstanden. Auch gibt es allerlei obskure Seiten zu verschiedensten Verschwörungstheorien. Diese Blogs bezeichnen sich gerne als „zensurfreie" Medien, ihre Berichterstattung hat aber wenig mit journalistischen Grundsätzen wie dem Versuch einer ausgewogenen Berichterstattung zu tun. Stattdessen wollen sie Stimmung für ihre Weltsicht machen, ein solches Blog ist die islamfeindliche Seite „Politically Incorrect".

Anonymität: Die Anonymität ist ein Faktor, warum es zur Aggression im Netz kommt. Wer seine Identität verhüllt, tut sich mitunter eine Spur leichter, hart gegen andere zu posten. Doch auch die Anonymität kann nicht alleine all die Wut im Web erklären. Das sehen wir auf Facebook: Dort sind die meisten Nutzer unter ihrem echten Namen unterwegs, trotzdem gibt es sehr viel Hetze. Eine Erklärung für das harsche Klima im Netz liefert die These zur → Online-Enthemmung.

Antifeministen: Nomen est omen – sie lehnen den Feminismus ab. Antifeministen geht die Gleichstellung zu weit, sie sind sogar der Ansicht, dass in unserer Gesellschaft nicht Frauen, sondern Männer das unterdrückte Geschlecht seien. Wer dies anders sieht, wird rasch als „Feminazi" bezeichnet – hierbei wird der Feminismus gar mit dem NS-Terrorregime verglichen. Obwohl die richtig überzeugten Antifeministen nur eine zahlenmäßig kleine Gruppe sind, sind sie online extrem laut, wütend und dementsprechend sichtbar.

Backfire Effect: Dieser Effekt beschreibt die paradoxe Situation, dass die Richtigstellung einer Falschmeldung dazu führen kann, dass umso mehr Menschen die Falschmeldung glauben. Speziell wenn jemand von der Richtigkeit einer Fehlinformation überzeugt ist, lässt er sich mitunter auch von einer Korrektur nicht überzeugen, sondern zementiert sich in seinem Standpunkt ein.

Cognitive Shift: Die Pointe eines Witzes stellt eine Überraschung dar, einen sogenannten „cognitive shift", mit dem das Publikum nicht gerechnet hatte. „Ich habe Katzen sehr gerne – sie schmecken so gut nach Huhn", ist ein simples Beispiel, wie Witze einen umdenken lassen. Im Netz kann Humor mitunter helfen, eine erhitzte Debatte zu beruhigen. Humor ist ein geschicktes Instrument, um von Aggression abzulenken. Wer lacht, vergisst zumindest kurz seine Wut.

Confirmation Bias: Dieser Begriff beschreibt den Umstand, dass wir Informationen unbewusst ein höheres Gewicht geben, wenn sie uns bestätigen. Eine Neuigkeit, die uns widerspricht, blenden wir hingegen umso eher aus – der sogenannte „Disconfirmation Bias". Hinzu kommt noch, dass wir ohnehin eher Information suchen, die unseren Ansichten entspricht, dies nennt sich „Selective Exposure". Egal, ob wir das wollen oder nicht, sind wir Menschen immer voreingenommen. Dieser ganze Prozess wird als „motiviertes Denken" bezeichnet (Motivated Reasoning auf Englisch).

Copy-Paste-Prinzip: Unseriöse alternative Medien arbeiten gerne per Copy-Paste (das Prinzip des Kopierens und Einfügens via Computer). Sie nehmen häufig eine Information von einer anderen obskuren Quelle und geben diese wortident auf ihrer eigenen Webseite wieder. Was dabei nicht passiert, ist eigene Recherche: Da Copy-Paste nur wenige Klicks braucht, verbreitet sich manch eine Lüge auch im Eiltempo online.

Cyberhippies: Die frühe Netzkultur wurde von einer technikaffinen Elite geprägt, deren Angehörige oftmals von der US-Westküste stammten und von der Hippie- und Ökologie-Bewegung der 1960er- und 1970er-Jahre beeinflusst waren. Anfangs war das Netz auch ein sehr unkommerzieller Raum. Als der Brite Tim Berners-Lee beispielsweise im Jahr 1989 das World Wide Web erfand, stellte er dieses System für die gesamte Menschheit kostenlos zur Verfügung.

Echokammer: Das Internet bietet die Möglichkeit, Webseiten aufzurufen, Facebook-Fanpages zu liken oder Accounts zu folgen, die genau dem eigenen Geschmack entsprechen. Dass man online gezielt Information konsumieren kann, führt aber auch zur Sorge, dass sogenannte Echokammern entstehen. In diesen digitalen Räumen erhalten Menschen hauptsächlich jene Neuigkeiten, die zu ihrer Weltsicht passen. Wie ein Echo hallt es zurück (→ Filterblase).

Eigengruppe: Menschen definieren sich oft über eine Gruppe, der sie sich zugehörig fühlen. Eine solche Gruppe kann der eigene Fußballverein und auch eine Partei sein, der man sich nahe fühlt. Die Identifikation mit der Eigengruppe führt zu einem „Wir-Gefühl". Wer nicht dieser Gruppe angehört, ist Teil der Fremdgruppe. Problematisch wird dies dann, wenn es zu einem extremen „Eigengruppe versus Fremdgruppe"-Gefühl kommt – zum Beispiel, wenn man den Eindruck hat, eine Fremdgruppe wie Flüchtlinge oder Migranten würde der Eigengruppe, den Einheimischen etwas wegnehmen. Dieses Konzept kann übrigens auch erklären, warum Menschen andere Gruppen über den Kamm scheren. Dieses Gefühl, dass alle Angehörigen der Fremdgruppe eine homogene Masse seien, bezeichnet man als „Fremdgruppenhomogenität". Der Eindruck führt zu Aussagen wie: „Flüchtlinge sind alle gleich."

Filterblase: Algorithmen bestimmen auf vielen Webseiten, welche Information wir eingeblendet bekommen. Das Ziel ist dabei ein durchaus wohlmeinendes. Dienste wie Google oder Facebook wollen uns möglichst jene Neuigkeiten liefern, die unseren Interessen entsprechen. Auch wenn uns dies vielleicht gar nicht bewusst ist, sortieren somit kluge Computerprogramme (basierend auf → Algorithmen) aber eben auch aus, welche Nachrichten uns nicht eingeblendet werden. Dies führt zur Angst vor einer Filterblase, in der man von großen Teilen der Gesellschaft letztlich abgekapselt ist. Der Netzaktivist Eli Pariser hat diesen Begriff in seinem gleichnamigen Buch geprägt.

Frames: Sie helfen uns Worte zu verstehen. Frames sind Deutungsrahmen, anhand derer unser Gehirn die Bedeutung einzelner Worte einordnen kann. Unbewusst assoziieren wir mit jedem Begriff, den wir hören oder lesen, solche Frames. Wenn wir beispielsweise lesen, dass ein Nagel in die Wand eingeschlagen wird, ruft unser Hirn den dazu passenden Frame auf. Aus der Erfahrung wissen wir, wie ein Nagel aussieht, wie er sich anfühlt. Der Frame zum Wort „Nagel" liefert diese Information. Je nachdem, welche Worte wir verwenden, werden unterschiedliche Frames aktiviert. Wer erfolgreich diskutieren will, sollte darauf achten, welche Worte er benutzt und ob diese auch die passenden Assoziationen auslösen.

Gemeinschaftsstandards: Facebook gibt Richtlinien vor, welches Verhalten auf dem sozialen Netzwerk verboten ist und welche Inhalte womöglich entfernt werden. Beispielsweise können User dies melden, wenn sie direkte Bedrohungen erhalten oder Hassrede gegen religiöse Minderheiten beobachten. Auch werden Nacktfotos von Facebook gelöscht. Das soziale Netzwerk räumt sich mit seinen Community-Standards (zu Deutsch Gemeinschaftsstandards) das Recht ein, die Umgangsformen auf der eigenen Seite festzulegen. Häufig werden solche Umgangsregeln auf der eigenen Webseite auch als → Netiquette bezeichnet.

Glaubenskrieger: Internetnutzer, die von einer „Wahrheit" komplett eingenommen sind, und die diese auch mit widrigen Methoden verbreiten wollen. Sie glauben an eine Bedrohung, die der Rest der Menschheit ihrer Meinung nach noch nicht verstanden hat. Was digitale Glaubenskrieger dabei auszeichnet, ist ihre aggressive Vorgangsweise, mit der sie auf ihr Thema hinweisen wollen: Sie beschimpfen und vergraulen jene, die anders denken, sie argumentieren mit einer „Wir gegen die"-Rhetorik, sie arbeiten mitunter sogar mit Lügen, um Angst oder Feindbilder zu schüren.

Griefing: Ein Begriff aus der Videospielszene, er leitet sich vom englischen Wort für Trauer ab („grief"). Griefer sind Benutzer, die in gemeinsamen Online-Spielen bewusst Leid bei anderen Menschen auslösen. Sie bringen beispielsweise die Spielfigur anderer User ohne Provokation um oder stehlen Gegenstände, die andere als Belohnung im Spiel erhalten hätten sollen. Griefer sind eine Untergruppe der → Trolle, die in Online-Spielen ihre Gehässigkeiten ausleben.

Güterabwägung: In vielen juristischen Streitfällen kommt es zu einer Kollision von Grundrechten. Zum Beispiel besagt das Recht auf Meinungsfreiheit, dass Menschen ihre Ansichten mit anderen teilen dürfen. Gleichzeitig aber gibt es Persönlichkeitsrechte, die einen vor haltlosen Beschuldigungen oder verbaler Gewalt schützen. In vielen Fällen von Hass im Internet kollidieren diese Rechte der Betroffenen. Gerichte entscheiden dann mittels der Güterabwägung, welches Grundrecht im jeweiligen Fall bedeutender ist. Ein Recht wie Meinungsfreiheit hat dementsprechend auch Grenzen (→ Zensur).

Hoax: So nennt man im Englischen Falschmeldungen, die gezielt in die Welt gesetzt werden, um Menschen an etwas Unwahres glauben zu lassen. Solche Fehlinformationen müssen nicht bösartig sein – auch ein harmloser Aprilscherz ist ein Hoax. Jedoch gibt es auch politische Hoaxes, mit denen versucht wird, Stimmung gegen Minderheiten zu machen. In der Flüchtlingskrise wurden solche Lügengeschichten besonders sichtbar. Einige Webseiten decken dies auch auf: Unter hoaxmap.org kann man einsehen, in welchen Ortschaften in Deutschland und Österreich bereits Falschmeldungen über Asylwerber gestreut wurden. Im deutschsprachigen Raum deckt auch die Seite Mimikama.at Hoaxes auf, im englischen Sprachraum tut dies unter anderem Snopes.com.

Impfgegner: Menschen, die Impfen als medizinische Methode ablehnen, werden als Impfgegner bezeichnet. Dabei zeigen wissenschaftliche Studien, wie sinnvoll Impfen ist: Krankheiten wie Kinderlähmung oder Pocken wurden beispielsweise aufgrund solcher Injektionen im deutschsprachigen Raum ausgerottet. Nichtsdestotrotz halten sich hartnäckig böse Gerüchte. Es gibt sogar äußerst radikale Impfgegner, die im Internet sehr präsent sind und der modernen Medizin unterstellen, sie würde hier das eigene Volk vergiften wollen.

Infokrieger: Manche Verschwörungstheoretiker bezeichnen sich selbst als solche. Sie sind der Ansicht, dass die Bevölkerung manipuliert und belogen würde. In der Infokrieger-Szene sind verschiedene Verschwörungstheorien sehr beliebt – beispielsweise glauben sie, dass es eine „Neue

Weltordnung" gäbe, also eine geheime Weltregierung. Den Begriff „Infokrieger" hat der Amerikaner Alex Jones geprägt, ein Radio-Moderator und berühmter Verschwörungstheoretiker. Er betreibt auch die Webseite infowars.com.

Likes: Auf Facebook können Nutzer auf „gefällt mir" klicken, und somit anderen Mitgliedern positives Feedback geben. Likes sind nicht nur eine freundliche Geste im Netz, sondern auch ein wesentliches Signal für den Facebook-Algorithmus. Je mehr Menschen „Daumen hoch" bei einem Beitrag signalisieren, desto mehr Nutzern wird diese Wortmeldung automatisch eingeblendet. Löst ein Kommentar viel Interaktion aus (wird er stark geliked, geteilt oder debattiert), wird er mitunter „viral" – wie ein Virus verbreitet er sich dann im Netz.

LULZ: Wenn Internetnutzer etwas lustig finden und dies kommunizieren wollen, dann schreiben sie LOL, kurz für „Laughing out loud." Der Begriff LULZ ist eine Anlehnung an dieses Kürzel, jedoch kann man sich LULZ eher als hämisches Gelächter vorstellen. Wenn Trolle zum Beispiel jemanden absichtlich kränken, begründen sie dies mitunter mit dem Satz: „I did it for the LULZ." Sie taten das also, um darüber lachen zu können (mehr unter dem Abschnitt → Trolle).

Meme: Der Wort kommt eigentlich aus der Wissenschaft. Als Meme werden dort Ideen bezeichnet, die unterschiedliche Formen annehmen können und sich von einer Person zur nächsten weitergeben lassen. Ein Internetmeme ist dementsprechend ein Sujet, die häufig variiert und weitergereicht wird. Ein berühmtes Meme ist beispielsweise das Bild einer Katze, die am Frühstückstisch gerade die Zeitung liest. Darunter steht in großen Lettern der nachdenkliche Satz: „I should buy a boat." Solch skurriler Humor ist typisch für Memes. Auf einem anderen Bild sieht man dieselbe Aufnahme, nur lautet der Satz dort: „I should buy a dog." Nun will die gedankenversunkene Katze also einen Hund kaufen.

Mobbing: Wird jemand kontinuierlich von einer oder mehreren Personen niedergemacht, nennt man das Mobbing. Das Internet ermöglicht es den Mobbern auch, rund um die Uhr solche kränkenden Kommentare an ihre Opfer zu senden. Diese Sticheleien und Angriffe über eine längere Zeit hinweg können Menschen zermürben, sie sogar in den Suizid treiben.

Findet Mobbing online statt, ist es immer eine gute Idee, wenn das Opfer diese Übergriffe dokumentiert – auch im Hinblick auf ein mögliches Gerichtsverfahren (→ Screenshots).

Moderation: Webseitenbetreiber haben die Möglichkeit, auf ihren Seiten zu moderieren. Deutliche Varianten von Moderation sind das Löschen von Kommentaren und das Sperren von Usern. Jedoch sollte man Moderation nicht nur als Vorgehen im Notfall begreifen: Moderieren kann auch bedeuten, dass man einen freundlichen Umgangston in die Debatte einbringt und klarmacht, welche Umgangsformen man auf der eigenen Seite wünscht. Das große Problem an menschlicher Moderation ist, dass sie zeitintensiv und teuer ist – häufig wird hier gespart.

Nasty Effect: Zu Deutsch „fieser Effekt"; der Einsatz von Schimpfworten und persönlichen Beleidigungen in Online-Diskussionen bewirkt, dass die Mitlesenden umso polarisierter über das debattierte Thema denken und sich in ihrem Standpunkt einzementieren. Forscher der University of Wisconsin beobachteten dies anhand einer Diskussion über Nanotechnologie und nannten es den „Nasty Effect".

Netiquette: Umgangsregeln für Webseiten. Viele Diskussionsgruppen und auch Onlinemedien haben eine Netiquette, um den Nutzern zu erklären, welches Verhalten dort erwünscht beziehungsweise unerwünscht ist. Häufig sind beispielsweise Schimpfworte verboten. Auch bei Facebook gibt es eine Art Netiquette, das Unternehmen nennt es → Gemeinschaftsstandards.

Off topic: Ein Beitrag gilt als off topic, wenn er das eigentliche Diskussionsthema verlässt. Moderatoren in Zeitungsforen oder anderen Diskussionsforen im Netz verschieben solche Beiträge, die eine Themenverfehlung sind, oft in andere Foren, wo diese besser hinpassen, oder sie löschen sie ganz. Off-topic-Beiträge sind auch eine Möglichkeit, um Diskussionen zur Entgleisung zu bringen. Man lenkt einfach vom eigentlichen Thema ab und wirft ein neues Reizthema ein – ein Trick, den sowohl → Trolle als auch → Glaubenskrieger anwenden.

Online-Enthemmung: Der US-Psychologe John Suler stellte die These des „Online Disinhibition Effects" auf. Er benennt darin einige Faktoren, die dazu führen, dass Menschen online oft enthemmter und auch aggressiver auftreten. Ein solcher Faktor ist die Anonymität. Aber auch das Gefühl von Unsichtbarkeit spielt beispielsweise eine große Rolle. Weil online der Augenkontakt fehlt, weil man keine Mimik und Gestik sieht, tun sich Menschen leichter mitunter grob zu sein.

Pegida: Die selbsternannten „Patriotischen Europäer gegen die Islamisierung des Abendlandes" sind eine Bewegung, die erst im Internet zusammenfand. Als Facebook-Gruppe startete Pegida, dann entwickelte man die Idee, auch gemeinsam auf die Straße zu gehen – so kam es zu den Aufmärschen. Pegida ist ein gutes Beispiel dafür, wie sich wuterfüllte Gruppen im Internet zusammenfinden, wie sie sich dort in ihrem Ärger bestätigen können und dies mitunter auch offline ausleben.

Prangerseiten: Es gibt einige Webseiten, die den Hass im Internet thematisieren. Verletzende oder untergriffige Kommentare gegen Feministinnen werden bereits seit mehreren Jahren von dem Blog hatr.org veröffentlicht. In der erhitzten Flüchtlingsdebatte entstanden auch neue Seiten, die hetzerische Wortmeldungen vorführen. „Perlen aus Freital" ist eine solche Prangerseite: Benannt ist das Blog nach der sächsischen Stadt Freital, in der es zu starken fremdenfeindlichen Protesten kam. Diese Seite stellt → Screenshots von Hasskommentaren online und zeigt dabei auch den Namen des Verfassers an. Wie weit man beim Anprangern von Rassismus gehen sollte, ist ein heftig diskutiertes Thema. So kam es auch schon vor, dass Menschen ihren Arbeitsplatz verloren, weil eine hasserfüllte Wortmeldung dem Unternehmen gemeldet wurde. Nicht alle Prangerseiten nennen den vollen Namen der Nutzer, die eine herabwürdigende Botschaft verfasst haben. Die österreichische Webseite eaudestrache.at, die Hasskommentare von Sympathisanten der rechtspopulistischen FPÖ sammelt, anonymisiert diese beispielsweise.

Screenshot: Man kann den eigenen Bildschirm als Bild abspeichern. Dies wird als „Screenshot" bezeichnet. Sowohl auf Windows-Computern, Mac-Rechnern sowie Smartphones lassen sich per Tastenkombinationen oder Gesten solche Aufnahmen machen. Unter moderneren Windows-Systemen ist es am einfachsten, die Taste mit dem Windows-Symbol zu drücken und gleichzeitig die Taste, auf der „Druck" steht. Automatisch wird dann unter den eigenen Bildern ein Screenshot abgelegt. Auf Apple-Computern drückt man hierfür die Taste „Command" (oft auch mit „CMD" abgekürzt), die

Umschalttaste und die Ziffer 3. Das Bild wird am Desktop abgelegt. Mehr Infos findet man auf der Webseite take-a-screenshot.org. In Strafverfahren ist es oft sehr hilfreich, wenn aus einem Screenshot hervorgeht, an welchem Tag und zu welcher Uhrzeit eine verbale Attacke stattfand. Für den Webbrowser Google-Chrome gibt es zum Beispiel eine eigene Erweiterung namens „atomshot". Diese speichert bei einem Screenshot auch automatisch ab, von welcher Webseite er stammt und wann er aufgenommen wurde.

Shitstorm: So wird ein Sturm der Entrüstung genannt, bei dem sich etliche Internetnutzer über eine Person, ein Unternehmen oder eine Institution online aufregen. Bei Shitstorms wollen User meist etwas ankreiden, das in ihren Augen ein Fehlverhalten ist. Es gibt keine quantitative Definition, ab wie vielen wütenden Postings etwas bereits ein richtiger Shitstorm ist – oft wird deswegen auch sehr inflationär mit diesem Begriff umgegangen. Ein richtiger Shitstorm besteht aber aus mehr als nur einer paar wütenden Kommentaren. Es handelt sich hier um ein Aufregerthema, das „viral" wird – und eine erschütternde Menge an Empörung hervorruft.

Silencing: So nennt man die Zermürbungstaktik, so lange aggressiv zu Andersdenkenden zu sein, bis sich diese frustriert aus einer Diskussion zurückziehen. Online ist ein solches Vorgehen beispielsweise häufig gegenüber gut vernetzten, selbstbewussten Frauen und speziell Feministinnen zu beobachten. Generell nutzen → Glaubenskrieger gerne dieses Vorgehen, um mittels Aggression andere mundtot zu machen.

SIWOTI: Dieses Wort beschreibt die Streitlust im Internet, es handelt sich um eine Abkürzung für den Satz „Someone is wrong on the internet." Diese Formulierung kam in einem Comic des amerikanischen Zeichners Randall Munroe vor (er betreibt die Seite xkcd.com). Ein Strichmännchen erklärt in diesem Bild, es kann noch nicht ins Bett gehen, denn jemand hat Unrecht im Internet – das will das Strichmännchen korrigieren. Natürlich ist dies ein skurriles Unterfangen: Es ist einfach unrealistisch, dass man jede ärgerliche Behauptung im Internet richtig stellen können wird. Wer sich von SIWOTI treiben lässt, wird heftige Frustration erleben.

Soziale Medien: Webseiten wie Facebook, Twitter oder etwa das Fotoportal Instagram werden als Social Media bezeichnet. Menschen nutzen diese Dienste, um sich mit anderen zu vernetzen und auch eigene Inhalte dort zu teilen. Eines der ersten wirklich populären sozialen Netzwerke war die Seite MySpace, auf der Millionen von Menschen in den Nullerjahren ein Profil besaßen. Mittlerweile ist Facebook hier der klare Marktführer – und es ist übrigens ein Mythos, dass die Seite bereits dem Untergang geweiht wird. Kein anderes Netzwerk hat so viele Nutzer, die jeden Tag dort mitlesen.

TED: Dies ist eine Veranstaltungsreihe, die für ihre kurzen, prägnanten und inspirierenden Vorträge weltberühmt wurde. Auch einige Menschen, die in diesem Buch zitiert werden, durften bei dieser renommierten Konferenz sprechen. Eli Pariser erklärte dort sein Unbehagen gegenüber der → Filterblase. Der Internetpionier Howard Rheingold sprach über das Potenzial von Online-Gemeinschaften. Die Wissenschaftlerin Zeynep Tufekci, die vor den gesellschaftlichen Risiken von → Algorithmen warnt, erzählte über Protestbewegungen im Internet. Diese Vorträge (genannt TED-Talks) dauert maximal 18 Minuten und können unter ted.com gratis angesehen werden.

Trolle: Der Begriff stammt aus der englischen Anglersprache: Dort wird es als „trolling" bezeichnet, wenn man einen Köder ins Wasser wirft und mit dem Boot langsam davonfährt. Raubfische beißen dann häufig an. Auch der Internettroll wirft einen Köder aus. Er will mit naiven Fragen oder provokanten Aktionen Menschen auf die Palme bringen. Manche Trollereien sind eher harmlos, zum Beispiel zetteln diese Provokateure gerne Streitigkeiten in Diskussionsforen an. Es gibt aber auch sehr brutale Trolle. Manche suchen zum Beispiel Facebook-Kondolenzseiten verstorbener Jugendlicher auf und verbreiten dort über den toten Teenager Gehässigkeiten. Trolle finden die negativen Emotionen anderer lustig, sie treibt die Schadenfreude an (→ LULZ) und bei ihnen ist Sadismus besonders stark ausgeprägt.

Verschwörungstheorie: Eine Verschwörungstheorie ist ein nicht von wissenschaftlichen Fakten untermauerter Welterklärungsansatz, bei dem die Ansicht vertreten wird, dass die Menschheit von einem oder mehreren Akteuren hinters Licht geführt wird. Verschwörungstheorien können sich um äußerst unterschiedliche Themen drehen und auf unterschiedlichen Weltbildern aufbauen. Zum Beispiel gibt es zu den Anschlägen auf das World Trade Center 2001 sowohl linke als auch rechte obskure Erklärungsansätze. Manch eine vermeintliche Verschwörungstheorie stimmt sogar. So stellte sich heraus, dass der amerikanische Geheimdienst NSA tatsächlich heimlich einen umfassenden digitalen Überwachungsapparat aufgebaut hatte.

Zensur: Wenn aggressive Nutzer gesperrt oder ihre verletzenden Wortmeldungen gelöscht werden, klagen diese gern über Zensur. Mitunter wird es sogar als Zensur bezeichnet, wenn andere Nutzer jemandem einfach widersprechen. Jedoch ist dies ein großes Missverständnis: Vor allem beschreibt der Zensurbegriff eine staatliche Repression von unliebsamer Information. Es ist keine Zensur, wenn Medien nicht jede grobe Äußerung auf ihrer eigenen Webseite zulassen oder wenn sie auf ihrer Webseite keine Beschimpfungen tolerieren. Es gibt nämlich kein Recht, auf jeder Webseite der Welt permanent Gehör zu finden.

Bibliografische Information der Deutschen Nationalbibliothek
Die Deutsche Nationalbibliothek verzeichnet diese Publikation in der Deutschen Nationalbibliografie;
detaillierte bibliografische Daten sind im Internet über http://dnb.d-nb.de abrufbar.

1. Auflage

Aus Gründen der einfacheren Lesbarkeit wird teilweise auf die geschlechtsspezifische
Differenzierung verzichtet. Entsprechende Begriffe gelten im Sinne des
Gleichbehandlungsgesetzes grundsätzlich für beide Geschlechter.

Alle Übersetzungen von englischen Originalquellen ins Deutsche stammen von der Autorin.

Lektorat: Ulli Steinwender
Grafische Gestaltung und Satz: Burghard List
Illustrationen: Oliver Hofmann

Coverdesign: modular plus

Coverbildnachweis: complize / photocase.de

Gedruckt in der EU

ISBN 978-3-7106-0035-7

Christian Brandstätter Verlag
GmbH & Co KG
A-1080 Wien, Wickenburggasse 26
Telefon (+43-1) 512 15 43-0
Telefax (+43-1) 512 15 43-231
E-Mail: info@brandstaetterverlag.com
www.brandstaetterverlag.com
Designed in Austria, printed in the EU